5년 후 10배 오를 바이오 기업에 투자하라

특별 선물

일반 바이오텍이 빅바이오텍으로 성장하는 과정을 이해하고, 그 과정에서 블록버스터 신약의 중요성을 인지할 수 있도록 저자가 직접 준비한 8개의 VOD 영상을 무료로 제공합니다. 오직 독자분들을 위해 준비한 특별한 선물을 확인해주세요.

• 본 QR을 통해 도서의 내용을 이해할 수 있는 영상을 확인해보세요.
• 이해진 작가의 데일리 바이오뉴스도 무료로 확인하실 수 있습니다.

일러두기

이 책에서 언급되는 정보는 투자 판단에 대한 조언일 뿐, 투자의 최종 판단과 책임은 투자자 본인에게 있음을 알립니다.

2025 가장 확실한 투자처
빅바이오텍 TOP5

5년 후 10배 오를 바이오 기업에 투자하라

이해진 · 이시문 지음

경이로움

추천사

유수한 기관투자가들에서 펀드 매니저로서 풍부한 실전 주식투자를 경험하고 탁월한 성과를 기록한 바 있는 저자는 현재 국내 최고의 바이오 투자 전문가로서, 바야흐로 펼쳐질 바이오 보물섬으로의 대항해 시대에 정교한 나침반을 독창적이고 선구적인 시각으로 제시하고 있다.

- DB자산운용 정경수 대표

수많은 바이오텍의 성장은 과학의 가설을 지속적으로 검증하는 과정에서 거듭된 실패와 도전을 통해 이루어졌다. 그런 면에서 이 책은 바이오 투자의 기본 정석을 잘 제시했다. 일부 기업의 실패 이유와 글로벌에서 성공을 보여준 기업의 성장 이유 등을 통해 신약개발에는 지름길이 존재하지 않음을 강조했다. 미래 가치를 추구하면서 인류의 질병을 극복하는 신약개발의 성공은 엄청난 규모의 매출 및 바이오산업의 혁명적 성공 가능성을 제시했다. 우리나라에서도 블록버스터의 가능성 및 빅바이오텍으로서의 성공 가능성을 잘 설명하는 이 책은 'Good to Great'로 성장하는 회사들은 물론, 바이오 산업의 미래를 제시하는 좋은 가이드가 될 것이다.

- 에이비엘바이오 이상훈 대표

이 책은 국내 바이오 기업들이 빅바이오텍으로 성장하기 위한 필수 요소를 깊이 있게 분석하며, 블록버스터 신약개발의 중요성과 그 가능성을 명확히 제시한다. 저자의 풍부한 경험과 데이터 기반 분석이 결합된 이 책은 바이오 투자자와 업계 종사자 모두에게 실질적인 인사이트를 제공할 것이다.

- 한국투자신탁운용 배재규 대표

바이오 블록버스터 출간을 축하드린다. 투자업계에 제대로 된 바이오 투자 관련 서적이 없는 상황 속, 우리 개인 투자자들에게 제대로 된 '바이오 투자의 정석'으로 자리매김할 것으로 믿는다. 그동안 유튜브 채널을 통해 늘 투자자들을 생각하는 맘 하나로 더하지도 덜하지도 않게 객관적인 투자 길잡이를 해온 만큼, 금번 출간하는 이 책이 또 다른 바이오 투자 안내서가 되길 기원한다.

- 서재형의 투자 교실 담쌤 서재형 대표

인터넷 혁명기에 뛰어난 대응을 보였던 대한민국은 AI 혁명 시대에 접어들어 강대국들과의 기술 격차를 실감하며 어려움을 겪고 있다. 어쩌면, 바이오 산업은 AI 시대에 대한민국이 도전할 수 있는 마지막 남은 기회일지도 모른다. 이 책은 국내에서도 글로벌 빅바이오텍이 탄생할 수 있다는 가능성을 강조하며, 개인 투자자들의 바이오 산업에 대한 분석 역량이 커질수록 그 가능성 또한 높아진다는 점을 설득력 있게 제시한다. 빅바이오텍이 등장하는 과정에서 다가올 엄청난 기회를 놓치지 않으려면, 반드시 읽어야 할 책이다.

- HS아카데미 이효석 대표

바이오 테크의 현재와 미래를 알고 싶다면 당장 이 책을 펴서 읽어라!! 오랜 기간 동안 1% 펀드 매니저로서 살아남은 이해진 대표의 투자 인사이트와 바이오 산업에 대한 정수가 압축적으로 담긴 책이다. 국내 테크에서 큰 부분을 차지하는 것이 IT와 바이오다. 하지만 투자하기 어려울 뿐만 아니라 수익을 내기도 녹록지 않은 영역이기도 하다. 따라서 바이오 투자로 수익을 내고자 한다면 반드시 읽어야 할 책이다. 담담하면서도 힘 있는 필체는 평소 그의 말처럼 눈과 귀에 쏙쏙 들어온다.

- IT의 신 이형수 대표

한국 바이오 산업은 새로운 성장 국면에 진입하고 있다. 글로벌 기술수출이 늘어나고, 혁신적인 신약개발 성과도 가시화되면서 국내 바이오 기업들의 경쟁력이 빠르게 강화되고 있다. 이 책은 신약개발의 핵심부터 투자자로서 주목해야 할 기업들의 전략까지, 바이오 시장에서 기회를 포착하는 데 필요한 실질적인 인사이트를 제공한다. 바이오 산업의 밝은 미래를 믿는 투자자라면 꼭 읽어야 할 책이다.

- 부자티비 이수빈 대표(수빈쌤)

빅바이오텍에 투자해야 할 시기가 도래했습니다

우리나라에서도 블록버스터가 나올 수 있을까요? 빅바이오텍은 가능할까요? 이와 같은 질문에 아마도 대부분의 사람들은 '상상해 본 적도 없다' '잘 모르겠다' '아마 힘들지 않을까' 생각할 것입니다. 10억달러 이상의 매출을 올리는 신약 블록버스터, 350억달러 이상의 시가총액을 자랑하는 빅바이오텍은 미국 나스닥에나 어울리는 단어라고 생각하신다면 네, 맞습니다, 2024년까지는 그랬습니다. 그러나 이제, 상황이 많이 달라졌습니다.

이 책의 핵심 내용은 이제 우리도 국내 빅바이오텍을 맞이할 준비를 해야 한다는 것입니다. 그동안 연구되지 않고 회색지대로 남아 있던 바이오텍이 빅바이오텍으로 성장하는 메커니즘을 정립하는 과정에서 블록버스터의 중요성을 재인식하게 된 점은 매우 큰 소득이었습니다. 한마디로 블록버스터는 빅바이오텍으로 전진하기 위해 반드시 거쳐야 하는 관문과 같습니다. 모든 빅바이오텍은 블록버스터를 만들어 블록버스터로부터 유입되는 큰 규모의 자금을 과감히 R&D에 재투자, 결국 멀티 블록버스터를 확보하게 된 기업들입니다. 블록버스터가 곧 빅바이오텍이라고 해도 과언이 아닙니다.

그렇다면 관심은 자연스럽게 블록버스터로 향하게 됩니다. 블록버스터는 어떻게 만들어지는 것일까요? 블록버스터의 조건은 무엇일까요? 국내 기업들은 왜 블록버스터를 만들어내지 못한 것일까요? 이 모든 질문에 답해줄 열쇠는 바로 '임상2상 데이터의 글로벌 경쟁력'입니다. 즉, 미충족 수요가 큰 질환에서 탁월한 치료 효과를 입증한 신약후보물질이 블록버스터로 성장할 가능성이 높습니다. 그동안 국내기업이 진행했던 후기임상이 대부분 실패로 돌아갔던 이유는 한마디로 임상데이터의 경쟁력이 없었기 때문입니다.

국내 바이오 기업의 블록버스터 상업화 가능성을 탐색하기 위해 1장에서는 국내 바이오 신약개발 초기 기업인 '신라젠'과 '헬릭스미스'의 사례를 들어 이들이 개발했던 신약물질들이 어느 정도 경쟁력을 갖고 있었는지 분석합니다. 특히, 효능과 안전성을 동시에 평가하는 임상2상 진행 과정에 조명을 집중할 예정입니다. 분석 과정을 통해 임상2상 설계 과정, 임상결과, 임상진행 능력, 신약물질로서의 경쟁력 등을 파악할 수 있습니다. 임상2상 단계에서 통계적 유의성을 확보하지 못한 채 임상3상으로 진입한 경우, 글로벌 임상성공 확률을 적용하기 힘들다는 점도 깨닫게 됩니다. 또한 장기간 대규모 자금이 투입되는 신약개발 분야는 기업과 투자자 간의 신뢰가 무엇보다 중요한데, 두 회사가 보여준 불신의 행적이 오랫동안 바이오 투자심리에 부정적인 영향을 미쳤다는 내용도 언급됩니다.

그 다음, 조명을 유한양행의 '렉라자'로 옮겨갑니다. 유한양행의 렉라자 FDA 승인은 임상2상 데이터 경쟁력 부족, 임상경험 부족, 신뢰성 부족, 여기에 상업화 능력 부족까지 과거 국내 신약개발의 모든 문제점을 한꺼번에 날려버린 통쾌한 '한 방'이었습니다. 1장에서는 특히, 렉라자의 임상2상 결과의 글로벌 경쟁력에 초점을 두고 상세하게 분석할 예정으로, 앞서 살펴본 두 기업과의 차별점을 명확히 확인하실 수 있습니다.

2장에서는 빅바이오텍으로 성장한 '버텍스, 다이이찌산쿄, 아젠엑스' 등 나스닥 3사에 대한 사례를 분석합니다. 바이오벤처가 빅바이오텍으로 성장하는 과정을 따라가다 보면 '블록버스터'라는 단어와 마주치게 됩니다. 이 기업들은 신약개발의 여정 속에서 각자 마주한 다양한 위기를 극복한 결과 블록버스터를 출시할 수 있었습니다. 블록버스터로부터 유입되는 풍부한 자금과 경험을 토대로 제2, 제3의 블록버스터를 개발해 멀티 블록버스터를 보유한 빅바이오텍으로 성장하는 이른바 '빅바이오텍 성장 메커니즘'도 발견하게 됩니다. 블록버스터로 성장한 신약들은 렉라자가 보여주었던 큰 미충족수요과 탁월한 효능의 특징을 그대로 재현하고 있습니다. 이와 같은 빅바이오텍 성장 메커니즘은 국내 바이오 기업의 성장 가능성을 탐색하고 있는 우리에게 귀중한 길잡이가 되어줄 것입니다.

3장에서는 향후 빅바이오텍으로 성장할 국내 기업 6곳에 대해 분석했습니다. 바이오 기술 트렌드, 글로벌 기술 경쟁력(기술수출 실적), 임상데이터 경쟁력(미충족 수요와 탁월한 효능), 현금보유(현금가용 연수), 신뢰도(회사 발표, 실행) 등 종합적인 관점에서 충분히 경쟁력을 보유하고 있으면서 블록버스터 가능성이 높은 파이프라인을 다수 확보한 기업들로 선정했습니다. 이들 기업이 ADC, 이중항체, 표적 치료제, 제형변경기술, 자가면역, 중추신경계 등 다양한 바이오 분야에서 글로벌 경쟁력을 보여주고 있어 국내 바이오 산업 발전에 매우 긍정적이라고 생각합니다. 주요 파이프라인이 임상3상 단계로 진입했거나 임상2상 단계를 진행하고 있어 머지않은 시기에 가시적인 임상성과가 기대되는 기업들입니다.

에필로그에서는 국내 빅바이오텍의 투자 전략을 제시했습니다. 지난 30년 동안 주식 펀드 매니저로서의 경험과 바이오 산업 리서치에 전념한 경험을 토대로 바이오 산업의 성장 가능성과 포트폴리오 구성 전략에 대해 설명했습니다. 미개척 영역이자 거대한 규모를 자랑하는 글로벌 신약개발 분야에서 빅바이오텍으로 성장해나갈 국내 주요 기업들로 포트폴리오를 구성해 큰 성과를 거두시길 바랍니다.

이해진·이시문 드림

차례

Chapter 1

지금 바이오에 투자해야 하는 이유

Chapter 2

미래 부의 키워드, 신약개발 바이오텍을 잡아라!

Chapter 3

블록버스터 개발이 임박한 빅바이오텍 TOP6

에필로그

바이오 보물섬으로의 대항해 시대

Chapter 1

지금 바이오에
투자해야 하는 이유

합성의약품에서
바이오의약품으로

창업한 지 20년밖에 안 된 셀트리온이 매출액과 영업이익 등 주요 성과지표에서 국내 제약업계의 선두자리를 차지했다는 뉴스가 화제가 된 것이 불과 몇 년 전의 일입니다. 바이오시밀러라는 새로운 바이오 영역을 개척한 셀트리온의 뒤를 이어 삼성바이오에피스와 삼성바이오로직스가 바이오의약품 생산시설 확장 경쟁을 펼치며 기존의 제약업체와는 차별화된 성장세를 보였습니다. 만료된 오리지널 의약품의 카피 제품인 제네릭으로 국내시장을 놓고 경쟁을 벌이던 전통 합성제약 업체와는 너무나 다른 성장 행보를 보인 탓에 아예 이 둘을 분리해서 봐야 하는 것 아니냐는 목소리까지 나올 정도였습니다.

특히, 셀트리온과 삼성바이오로직스는 주로 글로벌 시장을 대상으로 매출을 올렸다는 점에서 의미가 큽니다. 전통 제약사들이 한정된 국내시장에서 보여준 낮은 매출성장률과 이익률 탓에 밸류에이션 트랩에 갇혀 있었던 반면, 바이오에 집중한 양사는 높은 성장성을 바탕으로 차별화된 가치평가를 받아왔습니다. 오리지널 의약품의 특허가 만료되어 누구나 개발할 수 있는 제네릭의약품은 높은 기술력을 필요로 하지 않아 가격 경쟁과 마케팅 활동이 보다 중요한 경쟁 요소입니다. 따라서 마진율은 낮아지기 마련입니다. 낮은 마진에서 비롯된 한정된 체력으로 제네릭의약품을 들고 해외시장에 진출할 유인은 없었습니다.

반면, 셀트리온은 일정 수준의 기술력을 요구하는 아직 태동하지 않은 바이오의약품 즉, 오리지널 항체의약품을 모방한 바이오시밀러 시장을 개척했다는 점에서 큰 차이점이 있습니다. 고가이면서 새로운 트렌드로 성장하고 있는 항체의약품 바이오시밀러는 오리지널 의약품이 이미 거대한 시장을 형성하고 있을 뿐만 아니라, 비교적 높은 기술력을 필요로 해 마진도 높은 편입니다. 게다가 오리지널 바이오의약품이 워낙 고가이다 보니 주요 국가의 규제당국이 상대적으로 가격이 저렴한 바이오시밀러에 유리한 정책을 마련하고 사용을 적극적으로 권장해왔다는 점도 바이오시밀러가 성장하는데 유리한 환경을 조성했습니다.

바이오시밀러라는 새로운 바이오 산업의 태동은 합성의약품 시대에서 바이오 시대로의 변화를 의미합니다. 2010년대까지 좁아터진 국내시장을 둘러싸고 경쟁을 벌이던 고만고만한 시가총액의 합성의약품 제약사들이 뒤편으로 물러나고 바이오를 주력으로 글로벌 경쟁력을 키워가는 새로운 기업들이 전면에 등장하기 시작한 것입니다. 가격경쟁력과 생산의 용이함을 강점으로 그동안 성장해온 합성의약품이 타깃 특이성이 뛰어난 항체의약품에 시장 주도권을 넘겨주고 있다고 볼 수 있습니다. 합성의약품은 우수한 치료 효과에도 불구하고 특이성이 떨어지는 단점으로 인해 임상현장에서 용도가 제한적일 수밖에 없습니다. 환자에게 투여된 화학항암제는 암뿐만 아니라 환자의 몸 전체를 공격하기 때문에 환자의 상태에 따라 한정적으로 사용됩니다.

반면, 타깃과 특이적으로 결합하여 안전성이 보강된 표적항암제나 면역항암제 등이 현재 제약바이오 트렌드를 주도하고 있습니다. 바이오의약품은 성장률 측면에서 이미 합성의약품을 앞서기 시작했으며 글로벌 빅파마를 비롯한 글로벌 제약회사들은 바이오 기술 확보에 주력하고 있습니다. 오리지널 바이오의약품의 카피캣^{모방의약}품인 바이오시밀러가 제네릭 대비 높은 수준의 개발 기술을 요하는 만큼 수익률도 합성의약품 대비 높은 편입니다. 바이오시밀러 기업들은 상대적으로 높은 마진을 무기로 과감하게 확장 경영을 전개할 수 있었습니다. 낮은 수익률로 인해 오랫동안 R&D 금액을 늘리지 못했던 국내 제약기업들과는 차별화된 행보입니다. 새롭게 열린 바이오시밀러 시장의 성장성을 간파하고 과감하게 투자를 확대한 국

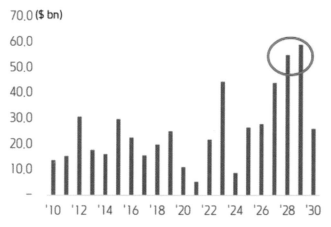

미국 특허만료 의약품 매출(출처: 키움증권, Immple)

내 기업들은 글로벌 시장에서 확고한 위치를 선점하게 됩니다.

2030년으로 갈수록 글로벌 빅파마들이 보유하고 있는 오리지널 의약품의 특허만료가 집중되면서 바이오시밀러 시장의 규모도 지속적인 성장이 예상됩니다. 그러나 경쟁 또한 심화되고 있는 것이 사실입니다. 신약개발보다는 난이도가 낮아 새롭게 진출하는 기업도 늘어나고 있기 때문입니다.

신약개발 도전

    바이오의약품의 성장세가 완연한 가운데, 이제 국내 기업들 중에서는 제네릭과 바이오시밀러를 넘어 글로벌 신약개발 분야에서 성과를 보이는 기업이 나타나기 시작했습니다. 신약개발은 10년 이상의 긴 시간과 수천억원 이상의 자금이 투입되는 거대한 프로젝트

바이오산업 시대별 정리(출처: 유진투자증권 참조, 임플바이오리서치 가공)

로 국내기업으로서는 좀처럼 시도하기 어려웠던 분야입니다. 시간과 돈도 문제지만 신약을 개발하기 위해서는 다양한 임상경험과 임상지식이 필요하다는 점 또한 진출의 큰 장애물로 여겨져왔습니다. 신약개발이 어렵고 힘든 도전이지만 만일 성공해 블록버스터를 개발한다면 순식간에 중견기업으로 도약할 수 있기 때문에 언제나 유혹적인 분야로 남아 있었습니다. 아직까지 국내 기업 중에서 10억 달러 이상의 매출을 올리는 블록버스터를 출시한 기업은 없습니다. 미충족 수요가 큰 시장에서 글로벌 경쟁력을 갖춘 제대로 된 first-in-class현재까지 시판된 적 없는 새로운 작용 기전의 혁신 신약 나 best-in-class동일 계열 약물 중 기존보다 우수한 효과와 안전성을 목표로 개발되는 신약의 약물을 개발해 판매한 경험이 없다는 것을 의미합니다.

마지막 남은 신약개발이라는 미지의 영역에 과감하게 도전장을 내미는, 신뢰와 기술로 무장한, 과거와는 차별화된 국내 바이오 신기업이 부상하고 있습니다. 이들은 바이오 트렌드의 주요 영역에서 글로벌 기술력을 바탕으로 유수의 글로벌 기업과 협업하며 신약개발에 도전하고 있습니다. 기술과 데이터를 근거로 바이오의 특정 분야에서 글로벌 시장을 주도한다는 점이 이들의 특징입니다. 신뢰감 또한 과거 기업들과 구별되는 포인트입니다. 글로벌 기업들과 데이터로 승부해야 하니 경쟁력 없는 데이터를 놓고 억지를 부리거나 투자자들을 속일 이유가 없습니다.

신뢰성은 신약개발 바이오 기업이 갖추어야 할 가장 중요한 미덕입니다. 보통 신약개발에 종사하는 연구자들은 평생 동안 2~3개 정도의 약물을 만든다고 합니다. 버텍스Vertex Pharmaceuticals의 창업자 조슈아 보거Joshua Boger는 연구자로 일하면 평생 동안 만들 수 있는 신약이 몇 개 안 되는데, CEO로 일하게 되어 여러 개의 프로젝트를 통해 많은 신약을 개발할 수 있어 좋다고 말한 적이 있습니다. 그만큼 한 연구자가 평생 동안 다루는 약물의 수가 제한적이라는 의미입니다. 하나의 약물을 개발하는 것은 연구진 인생의 반이 소요되는 힘든 여정입니다. 하지만 투자자들 역시 오랜 인내와 기다림을 필요로 한다는 점에서 다르지 않습니다. 한쪽은 신약개발의 주체로서, 다른 한쪽은 투자자로서 오랜 시간과 자금을 투여하는 힘든 과정 속 서로 간의 신뢰가 무너진다면, 그것처럼 안타까운 일도 없을 것입니다. 일은 하다 보면 잘될 수도 있고 안 될 수도 있지만 누군가가 신뢰성을 깨뜨린다면 인생의 많은 부분을 잃게 되기 때문입니다.

결국 바이오가 활성화되기 위해서는 기업과 투자자 간 신뢰가 중요합니다. 신뢰는 투자자가 리스크를 통제할 수 있도록 해 더욱 많은 투자자를 바이오로 불러들입니다. 만일 바이오 기업이 신뢰를 지킨다면 투자자는 오로지 임상성공 확률에만 집중할 수 있습니다. 그렇다면 바이오 기업이 투자자에게 줄 수 있는 신뢰는 무엇을 뜻할까요? 그것은 임상데이터에 대한 정보를 있는 그대로 투자자들에게 전달하는 것입니다. 대부분의 투자자들은 임상결과를 해석할 수 있는 바이오 지식을 갖추고 있지 못합니다. 그러다 보니 임상데이터를 직접 확인하기보다는 회사가 제공하는 발표 내용에 전적으로 의존하게 됩니다. 과거 국내 바이오 기업의 임상결과 발표문에는 공시된 임상데이터와 일치하지 않는 내용이 포함된 경우가 적지 않았습니다. 아전인수격 발표문 때문에 혼란스러워진 투자자들이 올바른 의사결정을 내릴 수 없었습니다. 공시된 임상데이터만 보면 주가가 급락해야 하는데 반대로 급등하는 황당한 일도 벌어졌습니다. 결국 주가는 제 갈 길을 가고 주주들은 배신감 속에 바이오 투자로부터 멀어졌습니다.

그러나 국내 바이오에도 뚜렷한 변화가 감지되고 있습니다. 가장 중요한 변화는 투자자들입니다. 임상결과를 해석할 수 있는 능력과 이를 공유하는 열린 마음으로 무장한 바이오 투자자들이 많아지면서 과거와 같은 바이오 기업의 생떼는 통하지 않게 되었습니다. 또한 규제기관의 공시 규정도 명시적인 방향으로 개선되었습니다. 임상결과 항목에 반드시 1차유효성평가지표와 통계수치, 그리고 목표달성 여부를 기재하도록 강화되어 관심 있는 투자자들이 쉽게 확인할 수 있게 되었습니다. 이러한 변화는 거저 얻은 것이 아닙니다. 열심히 공부하는 바이오 투자자들과 용감한 기자들이 힘들게 뿌리고 가꾼 결실이라는 점을 꼭 기억하시면 좋겠습니다.

이제 이 같은 새로운 변화에 발맞춰 다양한 기술력과 신뢰를 바탕으로 글로벌 시장에 도전하는 국내 바이오 기업에 주목해야 할 때입니다. 이들은 투명성과 신뢰를 바탕으로 풍부한 자금을 확보해 과감하게 파이프라인을 확장해가는 동시에, 글로벌 기업과 꾸준히 협업계약을 체결해나가고 있습니다. 글로벌 빅바이오텍으로 성장하기 위한 단계를 충실하게 밟고 있는 기업들입니다. 탄탄한 임상데이터를 바탕으로 미충족 수요가 큰 분야에서 블록버스터를 상업화하기 위해 모든 자원을 집중시키고 있습니다. 이들이 과거 신약개발 기업과 어떻게 구별되는지 상세히 분석하는 과정을 통해 바이오 기업이 성공하기 위한 조건을 보다 명확히 하고, 동시에 국내 바이오 기업의 성장 가능성을 제시하고자 합니다.

이제, 이 새로운 바이오 기업들이 과거의 신약개발 기업과 어떻게 차별화되는지 지금부터 자세히 알아보겠습니다.

신약개발 이야기만 나와도 손사래를 치는 분들이 분명 계시리라 짐작됩니다. 신라젠, 헬릭스미스구 바이로메드와 같은 과거 대표적인 신약개발 기업들이 국내 바이오 투자자들에 미친 충격이 대단히 크기 때문입니다. 마음의 상처는 아직도 진행형입니다. 한때 '신라젠이 곧 바이오'라고 불리면서 국내 바이오 시장의 흐름을 결정하던 시절이 있었습니다. 하지만 2019년 8월 신라젠의 임상3상 실패 소식이 전해지면서 투자자들은 물론, 국내 바이오 시장은 일대 충격에 휩싸입니다. 당시 주요 증권사 지점들이 고객 응대로 분주해 새로운 상품을 소개하는 설명회가 제대로 진행되지 못했던 기억이 생생합니다. 신라젠의 임상3상 결과에 반신반의하던 투자자들의 혹시나 했던 기대감은 좌절과 분노로 바뀌었고, 이후 바이오 투자는 빙하기에 접어듭니다. 코로나19 창궐을 빌미로 백신개발이 만들어낸 또 다른 거품의 허망함은 금리상승과 함께 길고 고통스러운 바이오 침체기로 우리를 끌어내렸습니다.

무리한 임상 추진,
신라젠

신라젠이 주식시장에 상장한 지 내년이면 햇수로 10년이 됩니다. 2016년은 글로벌 관점에서 보더라도 바이오가 막 성장하기 시작한 의미 있는 시기입니다. 2012년 유전자가위와 차세대염기서열분석NGS이라는 바이오 기반 기술이 발명되어, 이 기술들을 활용한 새로운 신약물질이 활발하게 연구되기 시작한 시점과도 맞물립니다. 바이오 시대가 열리는 중요한 시기이자 국내에서도 바이오 산업의 태동을 맞이하는 준비 기간이었다고 볼 수 있습니다. 당시 신라젠에 관심을 갖고 투자했던 많은 주주들은 신약개발과 바이오라는 생소한 분야를 과감하게 받아들인 바이오 투자 1세대임에 분명합니다.

이들은 신약개발 과정과 바이오 신약물질의 기전에 대한 상세한 지식은 없었지만 현재 치료제가 없는 미충족 수요가 큰 분야의 신약을 개발할 수도 있다는, 즉 블록버스터 개발에 대한 꿈을 공유했다는 점에서 국내 바이오 투자 1세대임에 틀림없습니다. 신약을 개발하는 당사자로서, 관련된 모든 지식과 정보를 갖고 있던 신라젠이 얼마나 진솔하게 1세대 투자자들과 꿈을 공유해왔는지 지금부터 꼼꼼하게 살펴보겠습니다.

이제 와서 왜 생각하기도 싫은 신라젠 이야기를 다시 꺼내는지 궁금해하실 수도 있습니다. 2가지를 말씀드리기 위해서입니다. 첫째, 신라젠이 어떤 과정을 거쳐 신약을 개발했는지 보다 명확하게 밝힐 필요가 있습니다. 신라젠의 임상단계별 개발 과정을 상세하게 살펴봄으로써 펙사벡Pexa-Vec의 경쟁력, 임상설계의 타당성과 임상 성공 확률에 대해 이해할 수 있습니다. 이러한 이해를 토대로 투자자들이 펙사벡에 걸었던 기대가 과연 그럴 만한 것이었는지 되돌아볼 수 있습니다. 앞으로 투자자로서 많은 바이오 기업을 접하게 될 텐데, 이 과정에서 신라젠으로 인해 겪었던 실패를 다시 반복하지 않기 위한 것입니다. 또한 신라젠에 의해 진행된 펙사벡 임상과정의 문제점을 정확히 되짚어봄으로써 앞으로 나아갈 추진력을 얻을 수 있다고 생각합니다.

둘째, 현재 국내 주요 바이오 기업들이 보여주고 있는 성과를 제대로 평가할 수 있는 눈을 갖기 위해서입니다. 신라젠 투자 경험을 갖고 있는 국내 바이오 투자 1세대들이 펙사벡의 임상과정과 문제점에 대해 정확히 이해한 다음, 현재 진행되고 있는 국내 기업의 글로벌 임상과 비교해볼 수 있도록 하기 위해서입니다. 이 과정을 거친다면 분명 최근 5년 사이에 정말 많은 변화가 있었고, 당시 신라젠에 걸었던 꿈을 제대로 실현할 수 있는 기회가 이제 도래했다고 생각하게 될 겁니다.

아픈 기억을 되살리는 것은 유쾌한 작업이 아닙니다. 특히, 바이오 신약개발은 그 과정이 복잡할 뿐만 아니라 진행 과정에 대한 견해도 서로 다를 수 있습니다. 따라서 약물의 기전과 경쟁력보다는 각 단계별 임상설계와 임상결과에 초점을 두고 이야기를 전개하고자 합니다.

신라젠의 주요 신약후보물질인 펙사벡은 미국 임상3상 단계까지 진행되며 천문학적인 자금이 투여된 것은 물론, 투자자들의 높은 기대감이 반영되어 주가가 천정부지로 오르기도 했습니다. 그러나 약물의 효능이 없다는 것이 밝혀지고 임상3상이 중단되면서 결국 무리한 도전이었던 것으로 결론이 납니다. 여기에 임상3상 발표한 달 전, 신라젠의 주요 임원이 주식을 대거 매도함으로써 신라젠과 바이오 기업에 대한 신뢰는 바닥까지 떨어지게 됩니다.

신약개발 과정은 험난합니다. 100개의 물질이 임상에 진입하지만 신약으로 승인될 확률은 10%에도 미치지 못합니다.

신라젠의 도전도 그중 하나였다고 의미를 부여할 수도 있습니다. 실패로 끝났지만 잘 싸웠다는 평가를 내릴 수도 있습니다. 하지만

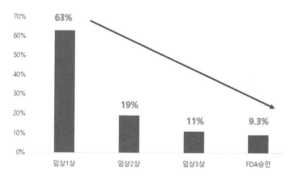

신약개발 성공 확률

잘 싸웠다는 평가를 내리려면 임상단계에서 약물의 효능에 대해 제대로 된 검증을 거쳐 임상3상에 진입했는지 살펴볼 필요가 있습니다. 특히 임상2상 단계에서 어떤 임상계획에 따라 임상이 진행되었는지, 발표된 임상결과에 대해서도 꼼꼼히 점검해보아야 합니다. 한때 투자자를 큰 혼란에 빠뜨렸던 신라젠의 펙사벡을 소환해 진행되었던 임상과정을 다시 살펴보는 작업은 소위 바이오 1세대 기업들에게 확실하게 결별을 고함과 동시에 현재 글로벌 기술 경쟁력을 갖추고 새롭게 도약하는 국내 주요 바이오 기업들을 맞이하기 위한 일종의 '청소'라고 할 수 있습니다.

신라젠의 신약개발 과정은 단순한 기대와 좌절 스토리를 넘어 신약개발 성공 확률 측면에서 글로벌 기업들의 신약개발 과정과는 큰 차이점을 보입니다. 지금부터 그 차이점에 대해서 자세히 알아보겠습니다. 이러한 약물 효능의 경쟁력에서 비롯된 차이점으로 인해 신라젠의 펙사벡에 글로벌 신약개발 성공 확률을 적용하기 힘들었을 뿐만 아니라 제대로 된 가치평가가 어려웠다는 것을 알 수 있습니다. 임상2상은 약물의 효능을 검증하는 신약개발 과정에서 가장 중요한 개념증명 단계로서, 효능을 제대로 입증한 다음 임상3상으로 진입해야 해당 약물에 50% 이상의 임상성공 확률을 적용할 수 있습니다. 만일 임상2상 단계에서 약물의 효능에 대한 통계적 유의성 확보가 명확하게 이루어지지 않았다면 신약개발에 대한 기대치를 대폭 낮추어야 마땅합니다.

그러면 신라젠이 펙사벡이라는 물질을 어떻게 확보하게 되었고, 각 단계별 임상 프로토콜과 성과는 어떠했는지 꼼꼼히 따져보겠습니다. 신라젠은 나이스평가정보 AA 등급, 이크레더블 A 등급을 부여받아 2016년 12월 기술특례제도로 코스닥에 상장되었습니다. 신라젠의 펙사벡은 우두백시니아 바이러스에 TK티미딘 인산화효소가 결핍되도록 유전자를 재조합한 바이러스로서, TK가 풍부한 암세포에서 증식해 암세포만을 파괴하는 동시에 항원으로 인식되어 면역세포 작용을 유도하는 기전의 치료 물질입니다. 쉽게 말해 펙사벡이라는 바이러스가 암세포 내에서만 증식하고 암세포만 선택적으로 공격한다는 것이 신라젠의 설명입니다.

먼저, 신라젠이 펙사벡이라는 물질을 확보하게 된 경위를 살펴보겠습니다. 미국의 토머스제퍼슨 대학교 의대 연구팀이 펙사벡 관련 논문을 발표하자, 제네렉스Jennerex라는 기업이 이 기술을 인수해

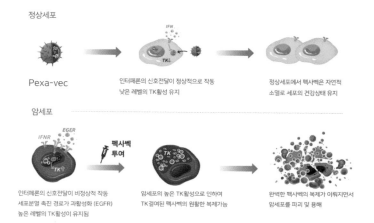

정상세포

Pexa-vec

인터페론의 신호전달이 정상적으로 작동
낮은 레벨의 TK활성 유지

정상세포에서 펙사벡은 자연적
소멸로 세포의 건강상태 유지

암세포

펙사벡
투여

인터페론의 신호전달이 비정상적 작동
세포분열 촉진 경로가 과활성화 (EGFR)
높은 레벨의 TK활성이 유지됨

암세포의 높은 TK활성으로 인하여
TK결여된 펙사벡의 원활한 복제가능

완벽한 펙사벡의 복제가 이뤄지면서
암세포를 파괴 및 용해

펙사벡 기전(출처: 신라젠 IR 자료)

신약을 개발합니다. 한편, 신라젠은 부산대학교 의대 연구진이 설립한 산학협력 기반의 바이오벤처로 2006년 창업합니다. 같은 해 제네렉스는 펙사벡에 대한 임상1상과 임상2상을 진행하게 되는데, 신라젠이 CRO임상대행기관로 임상에 참여하면서 펙사벡과 인연을 맺게 됩니다. 임상이 마무리되어가던 2013년 치과의사인 문은상 대표가 신라젠을 인수하면서 새로운 국면을 맞이합니다.

2013년 6월 제네렉스는 간암 말기환자 대상 펙사벡의 임상2b상 결과를 발표하는데, 기존 간암 치료제 넥사바에Nexavar에 반응하지 않은 말기 간암 환자 128명을 대상으로 진행된 TRAVERSE 임상에서 주요 평가지표인 전체생존기간os을 충족시키지 못합니다. 1회 투여 후 전체 환자의 30% 이상이 사망해 기대수명이 너무 짧아

졌고, 이로 인해 전체생존기간을 충족시키지 못한 것입니다. 신라젠은 환자가 어느 정도 면역력을 갖고 있어야 하는데 이번 임상에 예후가 좋지 않은 환자들이 많이 포함되어 있었다는 점을 지적하면서, 임상실패의 주요 원인을 임상디자인 문제로 결론짓습니다. 더 나아가 펙사벡이 임상2a상에서는 완전관해를 포함해 치료 효과를 확인했다고 발표합니다. 더 많은 환자를 대상으로 진행된 임상2b상에서 안전성 문제로 신약 가능성을 입증하지 못한 상황에서, 그 전 단계인 임상2a상 결과를 근거로 약효의 유효성을 거론한 것은 무리가 있었다고 판단됩니다.

신라젠이 펙사벡의 치료 효과를 확인했다고 주장하는 임상2a의 임상과정과 결과에 대해 살펴보겠습니다. 임상은 총 30명의 간암 환자를 대상으로 진행되었습니다. 일반적으로 임상2a상에서는 임상2b상의 적정 용량을 선정하기 위해 치료군과 대조군으로 나누어 용량별 치료 효과의 유의한 차이를 통계적으로 검증하는데, 신라젠의 임상2a상은 펙사벡 단독으로 고용량(10^9 PFU, 16명)과 저용량(10^8 PFU, 14명)을 단순하게 비교하는 임상으로 진행되었습니다. 임상2b상이 펙사벡+넥사바 병용과 넥사바 단독 환자군을 비교하고 있어 임상2a상과 임상설계상 확연히 차이가 납니다.

임상2a상의 1차유효성평가지표는 고용량과 저용량의 8주차 간 내 질병통제율DCR입니다. 임상결과 DCR이 고용량 47% vs 저용량 46%로 나타나 약물의 효능이 입증되지 못했습니다. 2차유효성평가지표인 전체생존기간os이 14.1개월 vs 6.7개월(p=0.02)로 나타났다고 발표합니다. 신라젠은 임상2a상의 2차유효성평가지표를 근거로 임상2b상을 진행했으나 결국 임상2b상에서도 통계적인 유효성을 확보하는 데 실패했습니다.

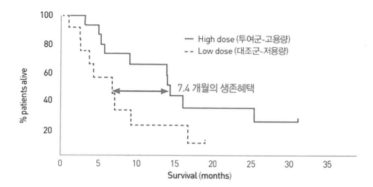

임상2a상에서 펙사벡 저용량 대비 고용량 7.4개월의 추가 생존 혜택(출처: 신라젠 IR 자료)

구분	넥사바 (임상 3상)		펙사벡
	SHARP (n=602)	ORIENTAL (n=226)	2a상 (n=30)
생존기간(개월)	10.7	6.5	14.1
(대조군과의 차이)	(2.8)	(2.3)	(7.4)
완전관해율(%)	0%	0%	3.3%
부분관해율(%)	2%	3.3%	10%
질병통제율(%)	43%	35.3%	50%

주) 별도 임상 결과를 단순히 비교함

기존 간암 치료제와의 효능 비교(출처: 신라젠 IR 자료)

임상단계	임상2a상	임상2b상
임상명	없음	TRAVERSE
환자수	30명	129명
환자군	고용량 16명, 저용량 14명	펙사벡+지지요법 86명, 지지요법 단독 43명
대상환자	넥사바 경험 없는 간암 환자 23명, 넥사바 등 치료 경험(고용량 6명 vs 저용량 1명)	넥사바 치료 실패한 간암 환자
투여 용량	고용량(10^9 PFU), 저용량 (10^8 PFU)	고용량(10^9 PFU)
투여 주기	3회 격주 종양 내 주사	18주간 1회 정맥주사 후 5회 종양 내 주사
1차유효성 평가지표	8주 차 간 내 질병통제율(DCR)	21개월까지 전체 생존기간(OS)
1차유효성 평가지표 결과	8주 차 간 내 질병통제율: 고용량 47% vs 저용량 46%	21개월까지 전체생존기간 중간값: 4.2개월 vs 4.4개월
2차유효성 평가지표 결과	전체생존기간: 고용량 14.1개월 vs 저용량 6.7개월(p=0.02)	질병통제율: 13% vs 18%
부작용	치료 관련 SAE 1명, 치료 관련 사망 없음	부작용으로 인한 사망 23명
특이사항	일부 환자는 펙사벡 치료 종료 후 넥사바 치료받음, 전체생존기간 기준 고용량 효능 입증으로 임상 조기 종료	총 109명 사망으로 통계적 유의성 입증 실패

펙사벡 임상2a상, 임상2b상 비교(출처: 임플바이오리서치)

임상2a상의 2차유효성지표에 근거해 임상설계와 주요 평가지표를 다시 바꾸어 임상2b상에 진입할 시 임상성공의 예측 가능성은 떨어질 수밖에 없습니다. 일반적으로 임상2a상에서 대조군과 비교한 용량별 치료 효과를 확인하고 최적의 용량을 선정, 동일한 1차유효성평가지표를 토대로 임상2b상을 진행하게 되는데, 신라젠의 경우 임상2a상과 임상2b상의 임상설계와 1차유효성평가지표가 다르게 진행되었습니다. 임상2a상에서 펙사벡 두 용량의 치료 효과가 차이를 보인다는 것은 용량의존적이라고 말할 수 있겠으나, 위약 또는 경쟁약물 대비 유효성을 입증했다고 볼 수는 없습니다. 더구나 임상2a상 1차유효성평가지표는 만족시키지도 못했습니다. 나아가 임상2a상 2차유효성평가지표에 근거해 진행된 임상2b상의 1차유효성평가지표인 전체생존기간os 중간값도 펙사벡 병용요법 4.2개월 vs 넥사바 단독 4.4개월을 나타냈을 뿐만 아니라, 2차유효성평가지표인 DCR질병내통제율도 13% vs 18%로 대조군이 더 높게 나왔습니다.

즉, 모든 임상결과로 판단해볼 때 약물의 효능이 검증되었다고 볼 수 없습니다. 신라젠은 이러한 결과의 원인을 임상설계 탓으로 돌렸습니다. 그리고 임상2a상, 즉 펙사벡 2개 용량의 전체생존기간을 단순 비교한 2차유효성평가지표를 근거로 치료 효과를 확인했다며 시장과 소통합니다. 신라젠의 주장에 전혀 동의할 수 없는 대목입니다.

이뿐만 아니라 신라젠은 임상2상에서 약물의 안정성과 유효성을 입증하지 못한 펙사벡 인수를 전격적으로 결정, 같은 해인 2013년 11월 제네렉스 지분 전량에 대한 인수 계약을 체결합니다. 이미 제네렉스의 지분 29%를 보유하고 있던 상황에서 신라젠은 2014년 3월 총 가치 1.5억달러에 인수를 완료합니다. 인수자금을 조달하는 과정에서 국내 금융기관과 연계된 가장납입이라는 불미스러운 이슈도 발생했습니다.

이후 신라젠은 2015년 4월 미국 FDA로부터 특정임상계획평가SPA를 승인받아 세계 20여개국, 600명의 간암 환자를 대상으로 펙사벡의 임상3상을 진행합니다. SPA는 FDA와 사전 협의를 통해 임상목표를 정하고 여기에 부합하는 결과가 나오면 판매허가를 내주는 제도입니다. FDA는 펙사벡이 임상2b상에서 안전성 문제로 주요 지표를 만족시키지 못했다는 점을 고려해 환자가 40% 이상 사망한 시점에서 DMC데이터모니터링위원회가 중간 점검을 하도록 임상 프로토콜을 설계합니다.

임상2b상에서 넥사바 경험이 있는 환자를 대상으로 펙사벡을 처방하는 방식이었다면, 임상3상은 넥사바 경험이 없는 말기 간암환자 600명을 대상으로 펙사벡을 먼저 투여한 후 넥사바를 사용하는 순서로 진행해, 펙사벡+넥사바 병용 투여군과 넥사바 단독 투여군 간의 효과를 비교했습니다. 또 다시 환자 모집 기준과 약물 투여 방식이 변경된 것입니다. 1차유효성평가지표는 임상2상과 마찬가지로 전체생존기간OS으로 설정되었습니다.

신라젠은 2019년 8월 2일 펙사벡 임상3상 시험 PHOCUS 관련 무용성 평가 결과 확인이라는 내용의 공시를 통해 독립적인 모니터

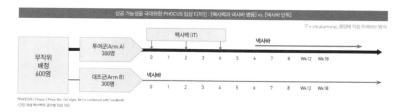

PHOCUS 임상3상 디자인: [펙사벡과 넥사바 병용] vs [넥사바 단독](출처: 신라젠 IR 자료)

링위원회DMC가 펙사벡의 HR지표치료약을 처방한 후에 위험이 줄어드는 비율 무용성 평가를 진행한 결과, 임상시험 중단을 권고했다고 발표합니다. 무용성 평가는 장기간 임상/중증환자를 대상으로 한 임상에서 후보물질 효과를 중간에 점검하는 절차를 말합니다.

신라젠은 펙사벡 간암 PHOCUS 3상 임상중단을 권고받은 무용성평가와 관련해 1차지표인 전체생존기간을 충족하지 못한 이유로 임상 참여자 35%가 임상약물 외에 다른 약물을 투여받은 것이 주된 원인이라는 자체 분석 결과를 발표합니다. 신라젠은 중간분석을 통해 임상환자 중 상당수가 다른 약물을 추가 투여한 사실을 확인했고, 대조군(넥사바)이 실험군(펙사벡+넥사바)보다 비율이 높다고 주장합니다. 임상수탁기관 데이터에 따르면 393명 중 총 203명이 모집된 실험군 가운데 63명(31%)이 구제요법으로 다른 약물을 추가 투여받았고, 190명이 모집된 대조군 중 76명(40%)에게 다른 약이 투여되었다고 설명합니다. 세부적으로 면역관문억제제 옵디보Opdivo와 표적치료제 사이람자Cyramza와 렌비마Lenvima가 양쪽 군에서 비슷한 수로 투여되었고, 표적치료제인 스티바가Stivarga와 카보메틱스Cabometyx는 대조군에서 더 많이 투여되었다는 겁니다. 쉽게 말해, 임상과정이 제대로 통제되지 못해 펙사벡에 불리했다는 설명입니다.

신라젠은 또 다시 임상시험 실패의 원인을 임상물질이 아닌 진행 과정의 문제로 돌렸지만, 스스로가 임상시험을 제대로 통제하지 못했다는 것을 자백한 모양새가 되었습니다. 임상에는 신약개발 기업은 물론, 환자나 의사, CRO임상대행기관 등 다양한 주체가 참여합니다. 그렇지만 임상의 결과는 호스트인 기업이 전적으로 지게 됩니다. 그렇기 때문에 신약개발 기업이 CRO에 임상업무를 위임했다 하더라도 임상이 제대로 이루어지도록 관련자들을 끊임없이 관리하고 독려하여 설계된 대로 임상이 진행되도록 만들어야 합니다. 그것이 임상경험이고 임상실력입니다. 국내에는 임상경험이 풍부하고 CRO와 소통하면서 임상을 원만히 진행할 전문가가 드물 뿐만 아니라, 있다고 하더라도 인건비가 비싸 감당하기 어려운 것이 현실입니다. 엄청난 시간과 자금이 투여된 임상3상에서 관리가 제대로 이루어지지 않아 목표를 달성하지 못했다는 핑계는 참으로 답답하기 짝이 없는 일입니다.

전문가들 사이에서는 신라젠의 임상3상 실패의 원인으로 임상2b상 실패 후 원인을 분석하는 데 미흡했던 것 아니냐는 지적이 많았습니다. 회사는 임상2상에서 주요지표를 만족시키지 못한 원인으로 환자군 모집이 불리했다고 지적하고 있으나, 임상3상을 너무 서둘렀다는 것이 당시 전문가들의 대체적인 의견이었습니다. 임상3상에서 FDA와 특정임상계획평가SPA를 체결하고 논의하는 과정에서 임상2상과 달리 펙사벡+넥사바 프로토콜로 바꾸었는데, 변경 근거가 명확하지 않았다는 점 또한 논란의 대상이었습니다. 주요지표의 임상결과는 차치하더라도 임상2a상, 임상2b상, 임상3상 각 단계별로 모두 다른 임상설계를 채택하고 있어 임상결과에 대한 예측 가능성이 떨어질 수밖에 없습니다.

임상단계	임상2a상	임상2b상	임상3상
임상명	없음	TRAVERSE	PHOCUS
환자수	30명	129명	459명
환자군	고용량 16명, 저용량 14명	펙사벡+지지요법 86명, 지지요법 단독 43명	펙사벡 → 넥사바 234명, 넥사바 225명
대상 환자	넥사바 경험 없는 간암 환자 23명, 넥사바 등 치료 경험 (고용량 6명 vs 저용량 1명)	넥사바 치료 실패한 간암 환자	항암치료 경험 없는 간암 환자
투여 용량	고용량(10^9 PFU), 저용량(10^8 PFU)	고용량(10^9 PFU)	고용량 펙사벡 (10^9 PFU), 넥사바 (400mg)
투여 주기	3회 격주 종양 내 주사	18주간 1회 정맥주사 후 5회 종양 내 주사	펙사벡(3회 격주 종양 내 주사), 넥사바(1일 2회)
1차유효성 평가지표	8주 차 간 내 질병통제율(DCR)	21개월까지 전체생존기간(OS)	53개월까지 전체 반응률(ORR)

1차유효성 평가지표 결과	8주 차 간 내 질병통제율: 고용량 47% vs 저용량 46%	21개월까지 전체 생존기간 중간값: 4.2개월vs 4.4개월	53개월까지 전체 반응률: 19.2% vs 20.9%

2차유효성
평가지표
결과
	전체생존기간:
	고용량 14.1개월
	vs 저용량 6.7개월
	(p=0.02)
		질병통제율:
		13% vs 18%
			- 진행 소요기간(TTP) :
			  2.0개월 vs 4.2개월,
			- 전체 반응률: 19.2%
			  vs 20.9%,
			- 질병통제율:
			  50.0% vs 57.3%
			
			- 논문 기준: 1차
			  유효성평가지표
			  53개월까지
			  전체생존기간
			
			- 53개월까지
			  전체생존기간
			  중간값: 12.7개월
			  vs 14.0개월

부작용	치료 관련 SAE 1명, 치료 관련 사망 없음	부작용으로 인한 사망 23명	SAE: 117명 vs 77명
특이사항	일부 환자는 펙사벡 치료 종료 후 넥사바 치료받음, 전체생존 기간 기준 고용량 효능 입증으로 임상 조기 종료	총 109명 사망으로 통계적 유의성 입증 실패	197명 사망으로 임상 조기 종료 (2019.08.02)

펙사벡 임상2a상, 임상2b상, 임상3상 비교(출처: 임플바이오리서치)

말기 간암은 미충족 수요가 큰 분야라는 특수성이 작용해 펙사벡
이 명확하지 않은 치료 효과에도 불구하고 FDA와 특정임상계획평
가SPA 승인을 받고 임상3상에 진입했을 것이라 추측됩니다. 임상3상
에 진입했다고 해서 글로벌 임상 경쟁력을 입증한 다른 약물들과 동

등하게 임상3상 성공 확률을 적용받을 수는 없다는 점을 이해해야 합니다. 회사는 임상3상에 진입했다는 사실 그 자체에 큰 의미를 부여하면서 곧 신약이 나올 것처럼 소통했지만, 임상2상에서 개념증명이라는 정식 관문을 통과하지 못한 물질이라는 한계를 결국 극복해낼 수 없었습니다.

신라젠의 펙사벡 임상사례를 통해 약물의 기전에 대한 연구, 약물의 글로벌 경쟁력, 임상설계 능력, 임상데이터 경쟁력 부족, 특히 임상수행 능력 부족을 통감하게 됩니다. 펙사벡 임상3상은 임상경험이 일천한 국내 기업이 연구가 많이 이루어지지 않은 분야의 물질로, 임상2상 단계에서 약물의 유효성을 제대로 입증하지 못한 채 임상과정에서 여러 임상수행상 문제점을 드러낸 전형적인 과거 국내 신약개발 기업의 문제점을 대부분 내포하고 있어 시사하는 바가 큽니다.

우왕좌왕, 헬릭스미스

서울대학교 유전공학연구소 김선영 교수팀은 1996년 11월 바이오메드를 설립합니다. 설립 후 약 10년 만인 2005년 12월 코스닥 시장에 상장했고, 2019년 3월 기업명을 헬릭스미스로 변경합니다. 헬릭스미스는 유전공학 기술인 플라스미드Plasmid DNA 플랫폼을 기반으로 유전자치료제를 개발하고 있습니다. 유전자치료제는 환자의 세포 내부로 핵산을 전달해 표적 단백질의 발현을 조절하는 바이오의약품입니다.

헬릭스미스는 플라스미드 DNA 플랫폼을 이용해 당뇨병성신경병증DNP 치료제를 개발해왔습니다. 당뇨병성신경병증은 당뇨병 환자의 절반 이상에서 발병하는 주요 합병증입니다. 이들 환자 중 상당수는 칼로 찌르거나 전기 충격이 오는 것 같은 심한 통증을 수반

하는데, 이를 통증동반 당뇨병성신경병증PDPN 이라고 부릅니다. 헬릭스미스의 유전자치료제 엔젠시스VM202는 체내에서 2가지의 간세포성장인자HGF 단백질 HGF723과 HGF728을 생산, 손상된 미세혈관 신생과 신경세포 재생을 촉진하고 통증인자 감소를 유도하는 것으로 알려졌습니다.

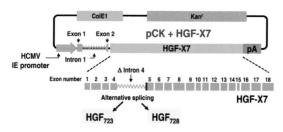

엔젠시스(VM202) 플라스미드 벡터의 구조, 간세포성장인자(HGF) 유전자의 선택적 스플라이싱을 통하여 2가지 형태의 HGF를 발현(출처: 헬릭스미스 IR 자료)

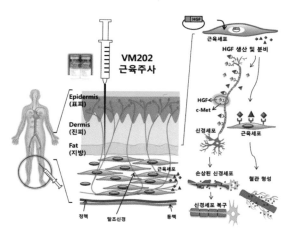

엔젠시스(VM202)를 근육세포에 주사하면 HGF를 생산 및 분비하여 신경세포를 복구하고 혈관이 형성(출처: 헬릭스미스 IR 자료)

Chapter 1. 지금 바이오에 투자해야 하는 이유

2013년 엔젠시스의 통증동반 당뇨병성 신경병증 임상1/2상 결과가 발표됩니다. 비록 12명의 적은 환자를 대상으로 한 임상이지만 심각한 부작용이나 사망이 없었으며, 12개월 차에 VAS_{Visual Analog Scale, 시각적 통증평가 척도} 점수가 baseline_{시작 시점} 대비 44.1% 감소했습니다. 또한 2회 주사만으로 피험자의 80%(10/12)에서 1년간 지속적인 통증감소 효과를 확인했습니다. 하지만 위약 대조 임상시험이 아니었고 환자수가 적어 엔젠시스의 약효를 검증할 수는 없었습니다. 헬릭스미스는 이 결과를 토대로 임상2상을 개시합니다.

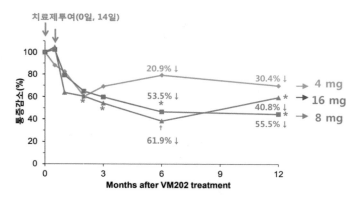

엔젠시스(VM202) 임상1/2상 결과, 고용량(16mg) 치료 6개월 차에 통증 감소는 61.9%로 가장 높았음, *P<0.05, †P=0.001(출처: 헬릭스미스 IR 자료)

2014년 엔젠시스의 통증동반 당뇨병성신경병증 임상2상 결과가 발표됩니다. 임상2상은 한국 4개 기관에서 16명, 미국 13개 기관에서 88명, 총 104명을 모집한 이중맹검_{의사와 환자가 어떤 약이 배}

정되는지 알지 못함, 무작위배정, 위약 대조, 다기관 임상시험이었습니다. 임상2상은 임상1/2상과 달리 위약 대조 임상시험이었기 때문에 위약 대비 엔젠시스의 통계적 유의성을 확인할 수 있습니다. 84명의 임상 대상자 중 저용량 투여군과 위약군의 통증점수 변화는 3개월 차에는 -3.03 vs -1.53(p=0.038), 6개월 차에는 -2.78 vs -1.59(p=0.099), 9개월 차에는 -2.98 vs -1.95(p=0.239)였습니다. 즉, 3개월 차에는 통계적 유의성이 있었지만, 6개월 차와 9개월 차에는 통계적 유의성이 없었습니다. 1차유효성평가지표는 6개월 차 통증점수 변화였기 때문에 위약 대비 엔젠시스의 통계적 유의성을 확보하는 데 실패했습니다.

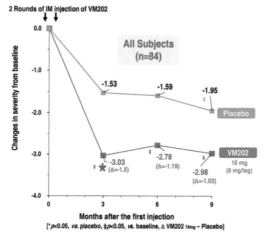

엔젠시스(VM202) 임상2상 1차유효성평가지표인 고용량(16mg) 치료 6개월 차 통증점수 변화는 -2.78 vs -1.59(p=0.099), *P<0.05(위약 대비), ‡P<0.05(기저 대비), Δ VM202(16mg) - 위약(출처: 헬릭스미스 IR 자료)

Chapter 1. 지금 바이오에 투자해야 하는 이유

하지만 헬릭스미스가 2014년 11월 10일 전자공시에 발표한 임상2상 결과에서는 1차유효성평가지표의 통계적 유의성 달성 실패는 언급되지 않았습니다. 대신 위약군 대비 다양한 유효성 지표의 개선을 확인했다는 다소 모호한 표현을 통해 마치 임상2상이 성공한 것처럼 발표됩니다.

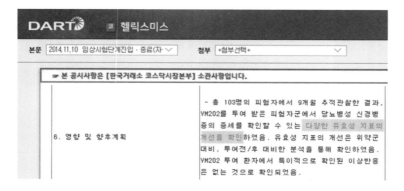

2014년 11월 10일 전자공시에 발표한 임상2상 결과 위약군 대비 다양한 유효성 지표의 개선을 확인했다는 다소 모호한 표현을 통해 마치 임상2상이 성공한 것처럼 발표(출처: 헬릭스미스 공시)

2014년 12월 23일 발표된 VM202 임상개발 현황 자료를 통해 가장 중요한 통증지표에서 통계적·임상적으로 의미 있는 개선 효과가 관찰되었으며, 임상3상을 진행하기에 충분히 성공적인 결과라고 표현해 놓았습니다.

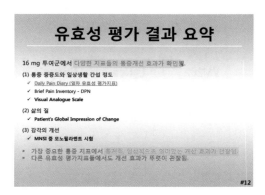

2014년 12월 23일 발표된 VM202 임상개발 현황 자료를 통해 가장 중요한 통증지표에서 통계적·임상적으로 의미 있는 개선 효과가 관찰되었으며 임상3상을 진행하기에 충분히 성공적인 결과라고 표현(출처: 헬릭스미스 IR 자료)

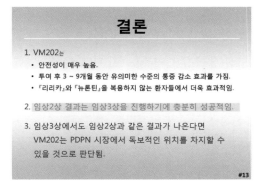

2017년 9월 13일 모건스탠리 헬스케어 컨퍼런스에서 임상2상의 투약군과 위약군의 통증점수 변화 차이를 기준으로 화이자의 리리카(Lyrica)보다 약효가 뛰어난 것처럼 발표(출처: 헬릭스미스 IR 자료)

나아가 2017년 9월 13일 모건스탠리 헬스케어 컨퍼런스에서 임상2상의 투약군과 위약군의 통증점수 변화 차이를 기준으로 표준치료제인 화이자의 리리카Lyrica보다 약효가 뛰어난 것처럼 발표했습니다.

△ (Drug-Placebo) Value

-1.5	vs **-1.2**	vs **-1.4**
VM202	Lyrica	Nucynta

-1.1
Neurontin

-1.3
Cymbalta

엔젠시스 임상2상에서 기존 치료제인 리리카나 뉴론틴을 복용하지 않는 환자 49명의 3개월 차 및 6개월 차 통증점수 변화는 통계적 유의성이 있었다는 점을 강조, *P<0.05(위약 대비), ‡P<0.05(기저 대비), △ VM202(16mg) - 위약(출처: 헬릭스미스 IR 자료)

리리카는 임상3상 1차유효성평가지표인 최종 통증점수에서 통계적으로 상당한 유의성을 입증(p < 0.0001)하며 FDA 승인을 받은 의약품입니다. 참고로 2014년 기준 리리카의 매출액은 51억달러로 통증동반 신경병증 시장의 절반을 점유하고 있었습니다. 일대일 비교임상도 아니고 서로의 임상조건이 상이하기 때문에 약효를 직접 비교하긴 어렵지만, 임상성공 여부만큼은 두 약물이 확연히 차이가 납니다. 또한 헬릭스미스는 엔젠시스 임상2상에서 기존 치료제인 리리카나 뉴론틴Neurontine은 복용하지 않는 환자 49명의 3개월 차 및 6개월 차 통증점수 변화가 통계적 유의성이 있었다는 점을 강조합니다. 이는 사후 하위그룹 분석에 해당하며, 가장 중요한 전체 환자를 기준으로 한 통계적 유의성 확보에 실패했기 때문에 큰 의미를 부여하기 어렵습니다. 이는 축구에서 2:1로 지고 사후 분석을 통

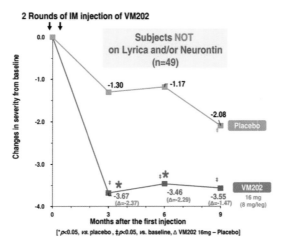

2 Rounds of IM injection of VM202

Subjects NOT
on Lyrica and/or Neurontin
(n=49)

Changes in severity from baseline

-1.30   -1.17
-2.08   Placebo

-3.67   -3.46   -3.55   VM202
(Δ=-2.37)   (Δ=-2.29)   (Δ=-1.47)   16 mg
(8 mg/leg)

Months after the first injection
[*p<0.05, vs. placebo , ‡p<0.05, vs. baseline, Δ VM202 16mg − Placebo]

엔젠시스 임상2상에서 기존 치료제인 리리카나 뉴론틴을 복용하지 않는 환자 49명의 3개월 차 및 6개월 차 통증점수 변화는 통계적 유의성이 있었다는 점을 강조, *P<0.05 (위약 대비), ‡P<0.05 (기저 대비), Δ VM202(16mg) – 위약(출처: 헬릭스미스 IR 자료)

해 코너킥은 우리가 더 많았으니 의미 있다고 주장하는 것과 다를 바 없습니다.

헬릭스미스는 엔젠시스 임상2상의 2차 유효성 평가지표인 감각 개선 정도를 미시간 신경병증 선별도구MNSI로 측정한 결과, 9개월 차 저용량 투여군의 왼쪽 다리에서 위약 대비 통계적 유의성이 있었고(p=0.05), 3개월 차에는 위약 대비 통증점수 변화의 통계적 유의성이 있었기 때문에(p=0.038), 임상2상이 실패했음에도 불구하고 충분히 성공적이라고 강조하고 있습니다. 이러한 헬릭스미스의 설명은 1차유효성평가지표를 정확히 이해하고 통계적 유의성 여부를 확인하기 어려운 일반 투자자들을 오도할 가능성이 매우 높습니다.

결국 헬릭스미스는 불완전한 임상2상 결과를 토대로 미국 임상 3상을 개시하여 2019년 9월 23일 통증 동반 당뇨병성 신경병증 환자 500명에 대한 엔젠시스의 유효성과 안전성을 평가하는 임상3상 결과를 공시합니다. 1차유효성평가지표인 90일 차(임상2상에서는 180일 차) 통증점수 변화는 −1.80 vs −1.54 (p=0.1857)로 통계적 유의성 입증에 실패합니다. 2차유효성평가지표들도 통계적 유의성이 없었고 리리카 또는 뉴론틴 미복용 환자들에 대한 사후 하위그룹 분석 결과도 마찬가지였습니다.

헬릭스미스는 임상3상의 약동학적PK 데이터에서 발견된 위약과의 약물 혼용 가능성으로 인해 위약와 엔젠시스의 효과가 크게 왜곡

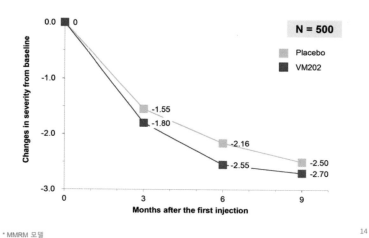

* MMRM 모델   14

1차평가지표인 3개월 통증감소 효과의 차이는 위약 대비 -1.80 vs -1.54 (p=0.1857)로 통계적으로 유의미하지 않음(출처: 헬릭스미스 IR 자료)

돼 유효성에 대한 명확한 결론 도출이 불가능하게 되었다고 설명합니다. 신라젠과 상당히 유사한 변명입니다. 구체적으로는 일부 위약군 환자의 혈액 샘플에서 엔젠시스가 검출되었고, 일부 엔젠시스 투약군의 환자에서는 엔젠시스 DNA의 양이 기대치보다 매우 낮게 나와 위약와 엔젠시스가 혼용되었을 가능성이 있다는 것입니다.

헬릭스미스는 현 데이터로만 보면 모든 피험자를 분석 대상으로 하는 ITTIntent-To-Treat 군에서 1차평가지표인 3개월 통증감소 효과의 차이는 위약 대비 통계적으로 유의미하지 않게 나왔지만, 오류 가능성이 높은 환자 약 30명을 제외한 분석에서는 통계적으로 유의미한 통증 효과가 있었다고 설명했습니다. 다만 이는 일부 환자를

※ Placebo군에서 VM202 DNA 고농도 검출 사례

VM202 concentration	Day 0	Day 14	Day 90	Day 104	Total*
≥ 10⁵ copies/mg gDNA	9	1	0	1	11
≥ 10⁴ copies/mg gDNA	13	5	1	1	20
≥ 10³ copies/mg gDNA	18	12	9	6	36

※ Active군에서 VM202 저농도 검출 사례

VM202 concentration	Day 0	Day 14	Day 90	Day 104	Total*
Not detectable	11	3	4	1	19
< 10² copies/mg gDNA	12	3	4	1	20
< 10³ copies/mg gDNA	14	8	4	6	32

* 중복되는 경우 고려하여 계산

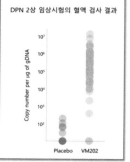

Placebo군에서 VM202 DNA가 高농도(≥ 10⁴ copies)로 검출된 환자의 90% (18/20)가 Day 0와 Day 14 주사 후 샘플에서 검출.
☞ Day 90 및 Day 180의 Pain diary 결과에 큰 영향을 주었을 가능성을 시사

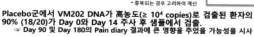

Placebo와 VM202 혼용 가능성: 혈중 DNA 검사(for PK) | 일부 위약군 환자의 혈액 샘플에서 엔젠시스가 검출되었고, 일부 엔젠시스 투약군의 환자에서는 엔젠시스 DNA의 양이 기대치보다 매우 낮게 나와 위약와 엔젠시스가 혼용되었을 가능성이 있다고 설명(출처: 헬릭스미스 IR 자료)

선별한 데이터이기 때문에 FDA 인허가 차원에서는 사용이 불가능한 데이터라고 친절하게 부연했습니다.

또한 헬릭스미스는 조사단을 구성해 약물 혼용 가능성을 비공개로 조사하겠다고 발표하는 동시에 나아가 이번 임상3상을 3-1상으로 명명하고 보다 정밀하고 효율적으로 관리하는 중간 규모의 임상 3-2상과 3-3상을 2020년에 진행할 예정이라고 덧붙였습니다. 미숙한 임상진행으로 약물의 효능을 제대로 검증하지 못했으니 다시 임상을 하겠다는 뜻입니다.

이후 헬릭스미스는 2019년 10월 7일에 엔젠시스 임상3-1b상 결과를 공시합니다. 엔젠시스 임상3-1b상은 임상3-1상 환자 중 추적관찰 기간 9개월이 끝나지 않은 환자를 대상으로 3개월을 연장해 추적관찰하는 임상연구였습니다. 엔젠시스 임상3-1b상의 1차 유효성평가지표인 12개월 차 안전성 지표에서 부작용 및 중대한 부작용은 엔젠시스 투약군이 위약군보다 낮은 것으로 나타났습니다. 1차유효성평가지표로 치료 효과가 아닌 부작용 및 중대한 부작용을 사용했다는 점에 주목할 필요가 있습니다. 2차유효성평가지표인 위약(36명) 대비 통증점수 변화의 P-value통계적으로 관찰된 결과가 우연이 아닌 확률(유의수준)을 나타내는 값는 6개월에 0.01, 9개월에 0.044, 12개월에 0.046이었습니다. 또한 처방 후 통증감소 효과가 8.7개월 지속되는 등 엔젠시스의 신경 재생 효과도 크다고 강조했습니다.

임상3-1b상은 환자수가 101명에 지나지 않아 임상3상으로 보기엔 무리가 있습니다. 또한 임상3-1b상은 임상3-1상 진행 도중에 추가로 설계한 임상으로, 환자 500명 중에서 일부 환자들을 추적한 연구이기 때문에 약효가 좋은 환자들만으로 구성되었을 가능성도 있습니다.

하지만 임상3-1상과 달리 임상3-1b상의 환자들은 약물 혼용 가능성이 없고 데이터가 깨끗해 두 임상의 결과가 상반된다는 것이 헬릭스미스의 주장입니다. 또한 임상3-1상은 통증점수 변화의 측정 시점이 3개월이기 때문에 위약의 효과가 크지만, 임상3-1b상은 통증점수 변화의 측정 시점이 12개월이므로 위약의 효과는 줄어들고 엔젠시스와 위약과의 차이가 뚜렷하게 나타나는 경향성을 보였다고 강조합니다. 그러나 헬릭스미스는 임상2상에서 단기인 3개월 차에서만 효과가 나타났다는 점을 고려하여 임상3상에서 1차유효성평가지표를 3개월로 바꾼 바 있습니다. 신라젠과 마찬가지로 임상결과에 따라 다음 임상의 평가지표가 바뀌는 상황이 연출되고 있습니다. 이후 헬릭스미스는 임상3-1b상의 긍정적인 데이터를 임상 3-2상의 데이터와 종합하여 FDA에 신약승인 신청서를 제출할 계획이라고 밝힙니다.

그런데 2020년 2월 14일 헬릭스미스는 엔젠시스 임상3-1상의 약동학적 데이터 이상 현상의 원인 규명을 위해 구성된 조사팀이 임상3-1상의 관련 문서와 약물 샘플을 분석한 결과 약물 혼용은 없었다고 발표합니다. 헬릭스미스가 첫 임상3상 결과 발표 시 주장했던 약물혼용이 번복된 것인데, 이러한 데이터 불일치 원인에 대한 명확한 설명이 제시되지 않았을 뿐만 아니라 더 이상 원인을 특정하는 것은 임상3-2상의 진행에 부정적 영향을 미칠 수 있다고 하면서 일단 마무리짓습니다.

이틀 후인 2020년 2월 16일부터 17일에 걸쳐 김선영 대표와 회사 관계자는 CRO임상대행기관, 혈중 유전자 검사 분석기관, 특정 아웃소싱 업체 등의 과실을 확인했다고 언급하면서 법적책임을 묻는 등 필요한 조치를 취하겠다고 발표합니다. 시장은 임상3-1상 실패 당시 원인을 약물 혼용으로 돌렸는데 조사팀의 원인 규명 결과 약물 혼용이 아니었다면 향후 정확한 원인 규명을 어떻게 할 것이며, 임상 3-2상 임상계획을 어떤 방식으로 왜 그렇게 진행할 것인지에 대해 자세한 설명을 기대하고 있었지만 이에 대해서는 별다른 언급이 없었습니다.

헬릭스미스는 약물 혼용 가능성 조사 결과를 발표한 뒤 회사 홈페이지에 엔젠시스 임상3-1상은 "미완의 성공"이라는 추가 입장을 발표합니다. 임상의 성공과 실패는 신약개발회사가 아니라 규제 당국이 판단할 문제입니다. 회사의 입장문이 제제 대상은 아니지만 이러한 모호한 표현을 통해 주주들에게 혼란을 불러일으키는 것은 적절하지 않아 보입니다.

2022년 8월 18일 엔젠시스 임상3-2상 중간 분석 결과 독립데이터모니터링위원회IDMC로부터 추가 중간 분석을 진행하고 데이터를 IDMC에게 제공할 것을 권고받았다고 공시합니다. 그리고는 2022년 12월 돌연 헬릭스미스의 최대 주주가 카나리아바이오엠으로 변경됩니다. 김선영 대표는 회사 설립 후 26년이라는 신약개발 인생을 모두 바친 엔젠시스 결과 발표가 목전인 상황에서 회사를 넘겼습니다. 선뜻 이해하기 힘든 결정이었을 뿐만 아니라, 끝까지 신뢰하며 견뎌온 주주들에 대한 배신 행위라는 말 외에 달리 표현할 길이 없습니다.

헬릭스미스는 2023년 12월 30일 임상3-2상과 임상3-2b상의 결과를 수령, 2024년 1월 2일 장 마감 후 저녁에 공시합니다. 임상 3-2상은 이전 임상들과 달리 리리카 혹은 뉴론틴을 복용하지 않는 환자들을 대상으로 전자 통증일지를 사용해 임상데이터 관리를 향상시켰지만, 임상3-2상 및 임상3-2b상 결과 1차유효성평가지표인(6개월, 12개월) 통증점수 변화에서 위약군 대비 통계적 유의성 입증에 실패했다고 공시했습니다.

성공보다 실패가 더 어렵다던 엔젠시스의 기나긴 임상여정은 이렇게 실패로 끝이 났습니다. 김선영 대표는 실패 원인을 알려면 분석을 더 해봐야 하지만 코로나19 유행으로 임상환자 관리가 어려웠으며, 이때 발생한 데이터 잡음이 결과에 악영향을 주었다고 자체 분석했습니다.

지금까지 신라젠의 펙사벡과 헬릭스미스의 엔젠시스 임상진행 과정에 대해 상세하게 살펴보았습니다. 어떠셨나요? 두 임상진행

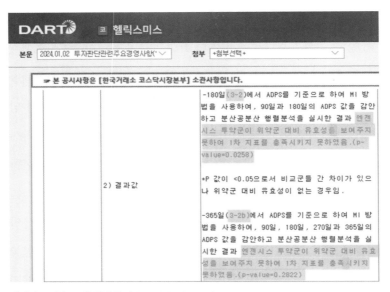

엔젠시스 임상3-2상 결과 공시(출처: 헬릭스미스 IR 자료)

과정이 매우 흡사해 하나로 묶어서 이야기해도 큰 문제는 없을 듯합니다. 가장 중요한 점은 임상2상에서 충분히 약물로서의 경쟁력을 입증하지 못한 채 서둘러 임상3상에 진입했다는 사실입니다. 임상2상에서 경쟁력을 보여주지 못한 물질은 설령 임상3상에 진입한다 하더라도 임상성공 확률이 크게 떨어진다는 사실을 알 수 있습니다. 글로벌 임상3상 성공 확률이 50%를 상회한다고 보면 임상2상을 근거로 판단할 때 두 약물의 성공 가능성은 크게 하락할 수밖에 없습니다.

임상2상 단계는 인체에서 약물의 효능을 입증하는 가장 중요하면서도 통과하기 어려운 관문입니다. 블록버스터로 성장한 대부분의 약물은 임상2상 단계에서 글로벌 최고 수준의 치료 효과를 통계치로 입증했다는 특징을 공유합니다. 신약물질의 성공 가능성은 대조군 대비 통계 데이터의 경쟁력이 좌우한다고 볼 때 앞으로 P-value를 반드시 확인해야겠습니다. 두 회사의 임상2상 결과에서 확인했듯 1차유효성평가지표에서 통계적 유의성을 입증하지 못한다면, 임상3상으로 진입하더라도 성공 확률이 크게 떨어진다는 것을 알 수 있습니다.

임상이 진행될 때마다 임상설계가 수시로 바뀌어 일관성이 떨어진다는 점도 관찰됩니다. 약물의 경쟁력을 평가한다기보다는 데이터가 잘 나온 유효성평가지표를 쫓아다닌다는 인상을 지울 수 없습니다. 2025년 바이오 기업의 임상과정에서는 쉽게 찾아볼 수 없는 임상설계입니다.

또한 두 회사가 임상실패의 원인으로 지적하고 있는 임상환자 관리의 문제점은 임상 자체에 대한 신뢰성을 크게 훼손하고 있습니다. 경험 부족에서 비롯된 것이기는 하지만 이 또한 임상성공을 위해 가장 중요한 능력 중 하나라는 것을 인정해야 합니다. 임상에 대한 진행을 CRO임상대행기관에 위탁하지만 모든 결과에 대한 책임은 호스트인 기업이 지기 때문입니다.

마지막으로 임상결과 공시 내용과 언론보도 내용이 일치하지 않거나 설명이 모호한 경우가 있습니다. '미완의 성공'이라는 알 수 없는 표현으로 임상결과를 미화하거나 막연한 기대감을 갖게 하는 태도로는 실패를 딛고 일어서 다음을 기대할 수 없습니다. 요즘에도 이러한 방식으로 소통하는 바이오 기업들이 있어 답답한 마음입니다.

블록버스터 렉라자를 개발한, 유한양행

2024년 유한양행의 비소세포폐암 치료제 렉라자LECLAZA의 미국 FDA 신약승인 소식은 우리나라 신약개발 역사를 바꾼 중대한 사건입니다. 과거 신약개발의 허술함과 구차한 변명을 한꺼번에 날려버리는 청량제와도 같습니다. 유한양행의 렉라자가 펙사벡이나 엔젠시스와 어떤 측면에서 차별화되는지 자세하게 살펴보겠습니다.

2018년 11월 유한양행은 빅파마 얀센Janssen, 존슨앤존슨의 자회사과 비소세포폐암 치료제 레이저티닙Lazertinib, YH25448의 글로벌 판권 기술이전 계약을 체결했다고 공시합니다. 선급금 5,000만달러, 총 기술이전 규모 12억5,500만달러, 로열티 별도의 대형급 계약입니다. 빅파마에게 물질이 기술이전되었다는 것은 약물의 글로벌 경쟁력이 어느 정도 입증되었다는 것을 의미합니다. 즉, 많은 후보물질이 임상단계에서 경쟁하고 있고, 이미 타그리소Tagrisso, 오시머티닙라는 블록버스터가 자리를 잡고 있는 상황에서 빅파마 얀센이 레이저티닙을 차세대 개발물질로 선택한 것은 글로벌 경쟁력을 확인했기 때문입니다.

레이저티닙은 유한양행이 2015년 오스코텍에 계약금 10억원을 주고 기술이전한 물질로 EGFR T790M 돌연변이 비소세포폐암을 타깃하여 개발한 물질입니다. 경쟁약물인 타그리소는 EGFR 변이 비소세포폐암 1차치료제로 2024년 매출이 68억달러가 예상되는 블록버스터입니다. 타그리소라는 높은 허들이 버티고 있지만 만일 일대일로 비교해 약물의 우수성을 입증한다면 향후 높은 매출 성장을 기대해볼 수 있습니다. 즉 best-in-class를 노려볼 수 있는 것입니다. 폐암은 소세포폐암SCLC과 비소세포폐암NSCLC으로 나뉘는데, 소세포폐암의 비중은 대략 15% 정도입니다. 나머지 85%는 비소세포폐암 환자로 비중이 훨씬 높습니다. 글로벌 항암 분야에서 가장 큰 시장이 바로 비소세포폐암으로 시장이 크고 성장성이 높은 만큼 경쟁도 치열합니다.

2018년 세계폐암학회WCLC에서 발표된 레이저티닙 임상1/2상 중간 결과는 115명의 비소세포폐암 환자를 대상으로 객관적반응률ORR 65%를 보였는데, EGFR T790M 변이 환자 93명만의 객관적반응률은 69%를 나타냈습니다. EGFR T790M 변이란, 비소세포폐암 환자 암세포의 표면에 발현되어 암세포의 성장을 돕는

EGFR이라는 수용체에 변이가 생긴 것입니다. EGFR은 아미노산으로 이루어진 3차원구조를 형성하고 있는데, 790번째 아미노산이 변화했다는 의미입니다. 유전자에 돌연변이가 생긴 것입니다.

세계폐암학회의 데이터는 같은 해 미국임상종양학회ASCO에서 발표한 데이터 대비 객관적반응률이 개선된 것입니다. 경쟁약물인 타그리소가 임상1/2상 단계에서 객관적반응률이 51%였다는 점을 감안할 때 직접 비교는 어렵지만 매우 고무적이라고 볼 수 있습니다.

안전성도 높은 것으로 나타나 레이저티닙의 best-in-class 가능성을 입증했고, 이러한 데이터를 검토한 얀센이 기술도입을 결정하게 된 것입니다. 특히 레이저티닙은 뇌혈장벽BBB을 통과할 수 있어 뇌전이가 발생한 폐암환자에도 효능을 볼 수 있다는 점 또한 강점으로 부각되었습니다.

레이저티닙을 확보한 얀센은 비소세포폐암 환자를 대상으로 레이저티닙과 EGFR/c-Met 이중항체인 아미반타맙Amivantamab 병용 임상1b상 연구CHRYSALIS, NCT02609776를 2020년 9월 유럽종양

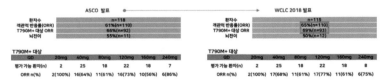

2018년 세계폐암학회에서 발표된 레이저티닙 임상1/2상 중간 결과 115명의 비소세포폐암 환자를 대상으로 ORR 65%, EGFR T790M 변이 환자 93명의 ORR 69%, 미국 임상종양학회에서 발표된 ORR 61%, EGFR T790M 변이 환자 93명의 ORR 66%에서 개선되었음(출처: 유한양행 IR 자료)

학회ESMO에서 발표합니다. 이 임상은 EGFR Exon19 결손 또는 L858R 돌연변이를 보유한 EGFR 변이 비소세포폐암 환자 91명을 대상으로 실시되었는데, 이들 변이는 EGFR 돌연변이 비소세포폐암 환자의 85~90%에서 나타나는 가장 흔한 유형입니다. 어렵고 복잡해 보이는 이 단백질들은 폐암세포 표면에 발현되어 세포의 성장을 유도하는데, 유전자 변이로 3차원 구조를 이루고 있는 단백질의 일부 아미노산이 변경됨으로써 암의 무한 성장에 영향을 미치는 것으로 알려져 있습니다. 타그리소, 레이저티닙, 아미반타맙 모두 타깃인 EGFR과 특이적으로 결합하여 암의 성장을 억제하는 치료제입니다.

타그리소와 레이저티닙은 돌연변이 EGFR의 성장신호 전달을 억제하도록 암세포 안으로 들어가 단백질 EGFR의 뿌리에 특이적으로 작용하는 약물인 EGFR-TKITyrosine Kinase Inhibitor 표적항암제

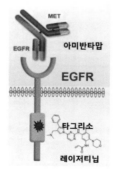

아미반타맙은 EGFR의 세포외 도메인에 결합, 타그리소와 레이저티닙은 EGFR의 세포 내 도메인에 결합(출처: ESMO 2020)

입니다. EGFR TKI는 암의 내성돌연변이에 따라 1, 2세대를 거쳐 3세대까지 개발되었는데, 아스트라제네카의 타그리소가 3세대 약물에 해당됩니다. 레이저티닙과 이중항체 아미반타맙을 병용치료한 결과, 3차 치료 경험이 없는 비소세포폐암 환자들의 경우 ORR 100%라는 놀라운 임상결과를 보여주었고, 타그리소로 치료한 후 내성이 생긴 환자들만 대상으로 치료한 결과 ORR 36%를 나타냈습니다.

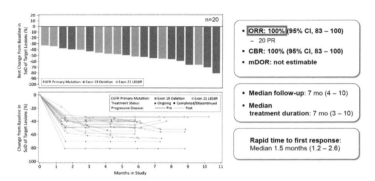

타그리소 경험이 없는 환자를 대상으로 아미반타맙과 레이저티닙 병용투여 결과 ORR 100%(출처: ESMO 2020)

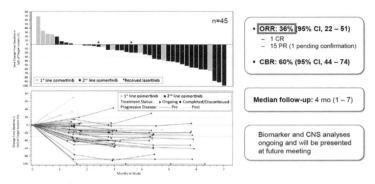

타그리소 내성 발생 환자를 대상으로 아미반타맙과 레이저티닙 병용투여 결과 ORR 36%(출처: ESMO 2023)

안전성 측면에서도 3등급 이상 환자가 10%에 그쳐 병용임상으로는 처음 발표된 초기 데이터임에도 불구하고 1차치료제로서의 가능성을 입증합니다. 이러한 임상데이터에 근거해 얀센은 2020년 10월부터 레이저티닙+아미반타맙LAZ+AMI 병용으로 타그리소와 직접head to head 비교하는 1차치료제 임상3상 연구 MARIPOSA를 진행합니다.

2023년 10월 공개된 MARIPOSA존슨앤존슨의 비소세포폐암 대상 레이저티닙과 아미반타맙 병용효과 평가를 임상시험명 결과는 LAZ+AMI의 무진행생존기간(mPFS) 23.7개월(HR=0.7)로 통계적 유의성을 확보합니다. 즉, 타그리소 단독 16.6개월 대비 질병 진행 및 사망 위험을 30% 감소시킨 결과입니다.

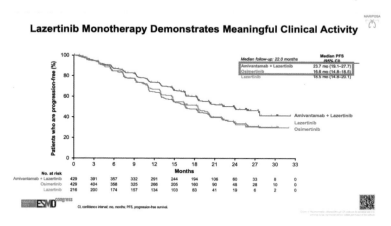

2023년 10월 ESMO에서 공개된 MARIPOSA 결과 LAZ+AMI와 타그리소의 무진행생존기간(mPFS)은 23.7 vs 16.6(출처: ESMO 2020)

다만 2개의 약물을 병용하는 만큼 3등급 이상 부작용이 타그리소 43% 대비 높은 75%를 기록합니다. LAZ+AMI 병용요법이 무진행생존기간을 연장시키는 효과를 보여주었지만 타그리소 단독요법 대비 높은 부작용과 비용, 그리고 정맥주사형AMI 추가에 따른 환자의 편리성 감소가 경쟁력을 제한한다는 분석이 제시되기도 합니다. 그럼에도 불구하고 가장 중요한 지표 중 하나인 전체생존기간OS이 타그리소 단독 대비 개선 경향을 보이고 있어 그 결과에 따라 경쟁력의 판도는 달라질 수 있다는 것이 중론입니다.

ASCO 2024미국암임상학회에서 MARIPOSA 임상의 간 전이를 포함한 고위험 환자군 하위 분석 결과가 발표되었는데, 타그리소 단독요법 대비 LAZ+AMI 병용요법이 종양 진행 및 사망 위험을 더 낮추는 결과를 확인합니다. 특히 암이 전이되거나 돌연변이가 있는 고위험 환자군에서 위험도가 더 크게 감소하는 데이터를 보여 고위험 환자를 위한 표준요법으로서의 가능성을 높입니다.

	Ami+laz, osi (n)	Ami+laz vs osi, mPFS (mo)	HR (95% CI); P value
Detectable baseline ctDNA by NGS	266, 274	20.3 vs 14.8	0.71 (0.57–0.89); 0.003
TP53 co-mutation	149, 144	18.2 vs 12.9	0.65 (0.48–0.86); 0.003
TP53 wild-type	117, 130	22.1 vs 19.9	0.75 (0.52–1.07); 0.11
Detectable baseline ctDNA by ddPCR	231, 240	20.3 vs 14.8	0.68 (0.53–0.86); 0.002
Cleared at C3D1	163, 180	24.0 vs 16.5	0.64 (0.48–0.87); 0.004
Not cleared at C3D1	29, 32	16.5 vs 9.1	0.48 (0.27–0.86); 0.014
Liver metastases at baseline			
Present	64, 72	18.2 vs 11.0	0.58 (0.37–0.91); 0.017
Absent	365, 357	24.0 vs 18.3	0.74 (0.60–0.91); 0.004

2024년 미국암임상학회에서 발표된 MARIPOSA 결과 LAZ+AMI는 타그리소 대비 암이 전이되거나 돌연변이가 있는 고위험 환자군에서 무진행생존기간 연장(출처: ASCO 2024)

또한 아미반타맙IV 제형과 SC 제형을 비교하는 PALOMA-3 임상이 공개됩니다. PALOMA-3은 병용요법 약물 중 하나인 이중항체 아미반타맙IV, 즉 정맥주사 제형과 피하주사 제형SC을 비교하는 임상입니다. 아미반타맙IV 제형은 환자 투약에 5시간이 소요되고 66%의 높은 주사연관부작용IRR을 보여 LAZ+AMI의 경쟁력을 약화시키는 요인으로 지적됩니다. 아미반타맙SC 제형으로 변경한 결과 IRR이 13%로 크게 개선되었을 뿐만 아니라 환자의 무진행생존기간이나 전체생존기간이 개선되는 뜻밖의 결과를 확인, LAZ+AMI SC의 신약승인과 더불어 상업화 성공에 대한 기대감도 높아집니다.

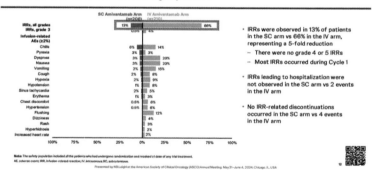

Incidence of IRR-related Symptoms

2024년 미국암임상학회에서 발표된 PALOMA-3 결과 아미반타맙 SC 제형과 IV 제형의 주사연관부작용은 13% vs 66%(부작용 개선) (출처: ASCO 2024)

SC제형 환자군의 반응지속시간mDoR은 11.2개월(IV 제형 8.3개월), 무진행생존기간은 6.1개월(IV 제형 4.3개월), 전체생존기간에서도 유사하게 개선된 치료 효과를 나타냈습니다.

ORR and DoR

- ORR was noninferior between the SC and IV amivantamab arms
- DoR was 11.2 months in the SC arm vs 8.3 months in the IV arm, with twice as many patients, 29% in the SC arm vs 14% in the IV arm, having a response ≥6 months

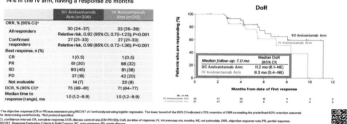

2024년 미국암임상학회에서 발표된 PALOMA-3 결과 아미반타맙 SC 제형과 IV 제형의 반응지속시간(mDoR)은 11.2개월 vs 8.3개월(출처: ASCO 2024)

Progression-free Survival

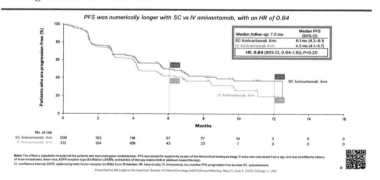

2024년 미국암임상학회에서 발표된 PALOMA-3 결과 아미반타맙 SC 제형과 IV 제형의 무진행생존기간은 6.1개월 vs 4.3개월(출처: ASCO 2024)

이 같은 우수한 임상결과에 힘입어 PALOMA-3 LAZ+AMI SC 임상은 2024년 Best of ASCO에 선정되었고, 얀센은 PALOMA-3 임상결과를 바탕으로 유럽 EMA와 미국 FDA에 신약승인 신청서를 제출했습니다.

2024년 8월 19일 미국 FDA는 LAZ+AMI 병용요법을 국소 진행성 또는 전이성 비소세포폐암 환자 중 EGFR exon 19 del 또는 exon 21 L858R 치환 돌연변이를 가진 성인 환자의 1차치료제로 승인합니다. 미국 제품명은 라즈클루즈LAZCLUZE, 한국 제품명은 렉라자(Leclaza)입니다. 국산 항암제 최초로 미국 출시를 허가받았으며, 향후 블록버스터 성장 가능성이 높다는 측면에서 의미가 더해집니다. 첫 환자 투약과 동시에 약 6억달러의 마일스톤을 수령하게 되며, 이후 매출의 일정 부분을 러닝 로열티 명목으로 받게 됩니다. 2025년 예상되는 LAZ-AMI SC 제형 승인, MARIPOSA 전체생존기간 발표 등이 향후 매출 성장 속도를 결정지을 전망입니다.

국내 신약개발
임상성공 확률의 변화

지금까지 3개의 신약개발 사례에 대해 살펴보았습니다. 신라젠의 펙사벡은 임상2상까지 완료된 물질을 인수하여 독자적으로 임상3상을 진행한 경우이고, 헬릭스미스의 엔젠시스는 자체 플랫폼 기술로 개발한 물질로 임상2상 및 임상3상까지 자체적으로 실시한 경우입니다. 레이저티닙의 경우 유한양행이 신약물질을 도입하여 임상2상까지 개발한 후 빅파마에 기술이전되어 임상3상이 진행되었습니다. 물질 확보 경위와 후기 임상개발 주체가 조금씩 달랐습니다.

무엇보다 펙사벡과 엔젠시스의 임상3상은 국내기업들이 독자적으로 진행한 반면, 레이저티닙은 존슨앤존슨J&J의 자회사인 얀센이 진행했다는 점에서 차이가 큽니다. 존슨앤존슨과 같은 빅파마는 약

100개 정도의 임상을 동시에 실시하는 거대 규모의 제약바이오 기업입니다. 임상3상 파이프라인만 30개 정도를 보유하고 있습니다. 과거 수많은 신약을 개발한 경험과 노하우를 갖고 있어, 임상을 대행하는 CRO에 대한 강한 영향력 등 원활한 임상진행을 위한 지식과 파워를 보유하고 있습니다. 한편, 사례에서 나타난 것처럼 국내 초기 신약개발 기업들은 가장 중요하다고 볼 수 있는 후기임상 진행 과정에서 미숙함을 드러냈습니다. 경험과 노하우 부족에서 기인하는 임상진행 미숙은 임상성공 확률을 떨어뜨리는 요인 중 하나입니다. 물론 향후 경험이 축적되면서 개선될 문제이기는 하지만 시간과 비용이 필요한 것도 사실입니다.

다음으로 약물의 경쟁력에서 큰 차이점이 발견됩니다. 펙사벡과 엔젠시스는 임상2상 단계에서 충분히 경쟁력을 입증하지 못한 채 임상3상으로 진입했다는 공통점이 있습니다. 반면, 레이저티닙의 경우 개념증명 단계인 임상2상에서 빅파마로 기술이 이전되어 글로벌 경쟁력을 입증했다는 점이 차별화 포인트입니다. 해당 분야에서 최고라고 볼 수 있는 빅파마의 전문가들이 전 세계 모든 경쟁약물을 평가한 후 선정했다는 측면에서 레이저티닙은 이미 글로벌 경쟁력을 인정받았다고 해도 과언이 아닙니다. 레이저티닙은 데이터로 증명한 임상2상 결과에 근거해 빅파마의 선택을 받았다는 측면에서 임상3상에서도 당연히 글로벌 임상성공 확률을 적용할 수 있습니다. 즉, 50%를 상회하는 임상3상 성공 확률을 기대해볼 수 있다는 뜻입니다. 그런 점에서 위의 3개 신약물질들은 같은 임상3상의 약물들임에도 명확한 차이점을 보입니다.

빅파마와의 협업, 높아지는
신약승인과 상업화 성공 확률

　국내 기업이 해외 빅파마에게 기술을 수출하는 것은 임상성공 확률의 변화를 의미합니다. 세계적인 경영컨설팅 기업인 맥킨지McKinsey&Company가 2022년 5월 공개한 자료에 의하면, 2016년부터 2020년까지 외부 파트너십을 통해 개발된 약물은 자체 개발 약물보다 임상성공 확률이 2배 이상 높습니다.(8% vs 18%)

　또한 2020년 R&D 투자 상위 20개 제약회사의 파이프라인에 있는 약물의 45% 이상이 외부에서 확보되었습니다. 5대 블록버스터인 휴미라Humira, 키트루다Keytruda, 레블리미드Revlimid, 옵디보Opdivo, 엘리퀴스Eliquis는 모두 외부 조달 약물입니다.

　빅파마가 글로벌 기업들을 대상으로 까다롭게 검증한 약물인 만큼 임상성공 확률이 올라가는 것은 어떻게 보면 당연한 일입니다.

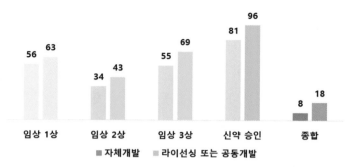

2016~2020년 임상 성공 확률 (%)

■ 자체개발 ■ 라이선싱 또는 공동개발

	임상 1상	임상 2상	임상 3상	신약 승인	종합
자체개발	56	34	55	81	8
라이선싱 또는 공동개발	63	43	69	96	18

세계적인 경영컨설팅 기업인 맥킨지가 2022년 5월 공개한 자료에 의하면, 2016년부터 2020년까지 외부 파트너십을 통해 개발된 약물은 자체 개발 약물보다 임상성공 확률이 2배 이상 높음(8% vs 18%) (출처: 임플바이오리서치)

빅파마의 약물 성공 가능성 평가 능력, 임상수행 경험, 마케팅 역량 등을 종합적으로 평가해볼 때 기술이전 약물의 상업화까지 성공 가능성은 바이오텍 자체 개발보다 높다고 볼 수 있습니다. 물론 향후 국내기업도 공동임상을 통해 후기임상에 대한 경험을 쌓으면서 성공 확률을 개선해나가겠지만 이는 자본과 시간이 필요한 영역입니다. 기술이전과 협업은 제약바이오 업계의 주요 트렌드로 자리잡고 있으며, 기술이전 내역은 국내 바이오텍의 기술력을 평가하는 하나의 중요한 요소입니다.

　마지막으로 상업화 성공 가능성입니다. 신약을 개발하는 최종 목적은 신약승인을 받기 위한 것이 아니라 환자들을 치료해 매출을 올리는 것입니다. 설령 신약승인을 받았다 하더라도 약물의 경쟁력이 없거나 마케팅 능력이 떨어진다면 기대했던 실적을 올리기 어렵습니다. 좋은 신약물질임에도 자금이 부족해 연구개발 속도가 늦어져 경쟁약물에 상업화 기선을 빼앗긴 경우에도 고전을 겪을 수 있습니다. 약물의 경쟁력, 상업화 시기, 마케팅 능력 등이 신약 상업화 성공에 복합적으로 작용한다는 점을 염두에 두어야 합니다. 그런 측면에서 이미 마케팅 조직을 갖추고 있는 빅파마는 상업화에 유리한 고지를 선점하고 있다고 봐야 합니다.

신약개발 단계에서도 자금과 임상경험 부족이라는 현실에 맞닥뜨리기 일쑤인 국내 바이오텍이 글로벌 시장을 대상으로 상업화까지 신경 쓴다는 것은 거의 불가능에 가깝습니다. 대부분의 글로벌 바이오텍이 총력을 다해 글로벌 기업에 기술을 이전하려는 것도 잘할 수 있는 부분에만 집중해서 승부를 보려는 일종의 생존 전략입니다.

글로벌 TOP10 빅파마가 1년간 마케팅에 사용하는 자금은 대략 25조원을 넘습니다. 그야말로 엄청난 규모의 자금입니다. 빅파마는 막강한 자금력을 바탕으로 자체 판매조직은 물론 여러 규제기관, 의사, 보험회사, 다양한 질환의 환자단체, 미디어, 국회 등에 전방위적으로 광범위한 영향력을 행사하고 있습니다. 이렇게 투입되는 거대한 마케팅 파워는 자연스럽게 매출과 이익으로 이어지는데, 특히 렉리저티닙+아미반타맙 병용 치료제는 존슨앤존슨이 미래의 주요 먹거리 중 하나로 선정했기 때문에 향후 마케팅에 총력을 기울일 것으로 예상됩니다. 이처럼 유한양행의 렉라자는 신약승인뿐만 아니라 상업화 성공 가능성 측면에서도 펙사벡이나 엔젠시스와 차별화된다고 볼 수 있습니다.

국내 기업들은 최근 5년 동안 글로벌 기업에 많은 신약물질과 플랫폼 기술을 이전했습니다. 아직은 임상1상 또는 임상2상 등 초·중기 임상단계의 물질이 대부분이지만 향후 2~3년이 지나면 후기임상으로 진입하게 됩니다. 해당 분야에서 글로벌 기술 경쟁력을 인정받은 물질들로 기술을 이전해 간 글로벌 기업들이 진행하는 임상3상단계의 성공 확률은 50%를 상회할 것으로 전망됩니다. 과거 임상2상단계에서 경쟁력을 입증하지 못한 물질로, 임상경험이 없는 상태에서 후기임상을 진행하던 국내 초기 신약개발 기업과는 완전히 구별됩니다. 다양한 세부 바이오 분야에서 글로벌 경쟁력을 갖춘 새로운 국내 바이오 기업군이 등장하고 있습니다. 유한양행의 렉라자는 이들 기업군 중 가장 먼저 글로벌 항암치료제 시장을 개척한 선구자 같은 존재입니다.

글로벌 트렌드_다양한 바이오 분야의 경쟁력

국내 신약개발 동향이 유한양행의 렉라자에 그친다면 어쩌다 운 좋게 신약승인을 받았을 뿐 국내 바이오의 레벨업 운운할 일도 아닐 것입니다. 또한, 여러 바이오 섹터 중 한정된 분야에서만 일부 기업이 성과를 보이고 있다면 이 또한 국내 바이오의 도약이라고 말할 수 없을 것입니다. 그러므로 글로벌 바이오 트렌드에 맞는 다양한 분야에서 확실하게 경쟁력을 갖춘 기업들이 동반해서 부상하고 있는지 살펴볼 필요가 있습니다. 먼저, 최근 글로벌 바이오 트렌드를 형성하고 있는 기술과 경쟁력을 갖춘 국내 기업에 대해 알아보겠습니다.

최근 가장 핫한 분야는 누가 뭐래도 ADC항체약물결합체입니다. 바이오에 대해 조금이라도 관심 있는 분들은 한 번 정도는 들어보셨을

겁니다. ADC는 항체를 전달체로 이용해 다양한 치료약물을 원하는 타깃으로 전달하는 기술입니다. 이전에는 항체를 항암제로 사용했는데 암 살상능력이 그다지 좋지 못했습니다. ADC는 항체가 암의 근원인 항원을 정확히 찾아가는 특징을 갖고 있다는 점에 착안해 항체에 playload를 매달아 강력한 항암효과를 노리도록 설계되었습니다. 항체가 전투기라면 ADC는 폭격기입니다. 강력한 치료 효과를 그 특징으로 합니다. 현재 ADC의 우월한 기본구조를 응용해 다양한 바이오 기술이 개발되고 있습니다.

리가켐바이오사이언스Ligachem Bioscience는 ADC 분야에서 글로벌 경쟁력을 갖춘 기업으로 평가받고 있습니다. 동사가 보유하고 있는 링커 플랫폼 기술 콘주올ConjuAll은 ADC 분야에서 가장 큰 행사인 'ADC 어워즈'에서 최근 몇 년간 계속해서 최고상을 수상하며 세계적인 기술력을 증명하고 있습니다. 리가켐의 콘주올 링커 기술은 높은 치료 효과, 특히 안전성 측면에서 글로벌 경쟁력을 갖추고 있습니다. 이러한 기술력을 바탕으로 누적 기술수출 금액이 83억달러를 기록하고 있습니다.

다이이찌산쿄Daiichi-Sankyo와 아스트라제네카AstraZeneca가 공동으로 개발한 ADC 치료제 엔허투ENHERTU가 돌풍을 일으키자, ADC 플랫폼 기술을 보유하고 있던 씨젠Seagen과 같은 주요 기업들이 M&A 되면서 ADC 기술을 제공할 공급처가 줄어들고 있습니다. 반면, 수요는 지속적으로 늘어나고 있어 향후 리가켐바이오사이언스에게 유리한 영업 환경이 예상됩니다. 참고로 콘주올 링커는 세계적으로 임상에 가장 많이 적용되고 있는 ADC 링커 기술입니다.

다음으로는 제형변경 기술을 갖고 있는 알테오젠Alteogen 입니다. 정맥주사 제형IV 항체의약품은 투여 시 병원에서 바늘을 꽂고 몇 시간씩 맞아야 하는 불편함이 있을 뿐만 아니라, 주사연관부작용IRR도 높은 편입니다. 알테오젠의 ALT-B4 기술은 정맥주사 제형을 피하주사 제형으로 변경하는 기술인데, 피하주사는 5분 내외의 짧은 투여 시간뿐만 아니라 자가 주사가 가능해 편리합니다. 더불어, 통증과 감염 위험도가 낮다는 장점이 있습니다.

글로벌 트렌드_제형변경 기술, 중추신경계 질환 치료제

현재 많은 글로벌 업체들이 기존의 정맥주사 제형에서 피하주사 제형으로 투여 방식을 바꾸는 임상을 진행하고 있습니다. 이렇게 제형을 변경하게 되면 새로운 신약으로 인정받을 가능성이 높아 블록버스터 특허만료에 효과적으로 대응할 수 있다는 이점이 있습니다. 알테오젠이 보유하고 있는 ALT-B4는 히알루로니다제hyaluronidase로서 단백질 중 히알루론산을 분해해 피부 아래에 작은 구멍을 내고 히알루로니다제와 섞여 있던 치료제가 이 틈으로 흡수되는 방식으로 작동하게 됩니다.

전 세계적으로 미국의 할로자임테라퓨틱스Halozyme Therapeutics와 알테오젠 이렇게 두 회사만이 히알루로니다제 기술을 보유하고 있으며, 이들이 이 시장을 과점하고 있습니다. 예를 들어 거대 규모를 자랑하는 면역관문억제제 PD-(L)1의 대표적인 치료제인 옵디보Opdivo는 할로자임테라퓨틱스와 협업해 피하주사 제형을 개발했고, 키트루다Keytruda는 알테오젠의 기술로 현재 임상3상을 진행하고 있습니다. 알테오젠은 키트루다에 이어 ADC 블록버스터 엔허투 피하주사 제형 개발과 관련해 아스트라제네카와 계약을 체결하기도 했습니다. 알테오젠은 현재 항암제 트렌드를 주도하고 있는 PD-1과 ADC 분야의 최대 의약품 2개와 계약을 체결함으로써 글로벌 경쟁력을 충분히 입증했습니다.

다음은 뇌전증치료제 세노바메이트Senobamate를 개발한 SK바이오팜입니다. SK바이오팜은 자체 기술력으로 세노바메이트를 물질 개발부터 임상3상과 신약승인까지 받아 실력을 입증했을 뿐만 아니라, 독자적인 영업 조직까지 갖추고 미국에서 직접 판매하고 있습니다. 18세 이상 부분발작 뇌전증 치료제 세노바메이트는 400mg에서 발작빈도 55% 감소 및 발작 완전소실 21%를 보여, 발작 완전소실 2.6%를 나타낸 경쟁약물 빔팻Vimpat 대비 뛰어난 치료 효과를 증명했습니다. 경쟁 신약의 출시 50개월 차 평균 처방수의 약 2.2배 수준을 기록하고 있어 경쟁력을 충분히 입증하고 있습니다. 향후 블록버스터 가능성이 더욱 높아지고 있습니다. 글로벌 뇌전증치료제 시장은 2022년 기준 이미 10조원을 상회하고 있으며, 이 중 미국이 55%의 시장점유율을 기록하고 있습니다. 세노바메이트의 고성장에 힘입어 SK바이오팜은 이미 흑자 전환을 이루었고, 향후 늘어나게 될 자금 유입을 이용해 보다 공격적인 연구개발을 전개해나갈 것으로 예상됩니다.

현재 제2의 세노바메이트 확보를 위해 다양한 후보약물을 검토하고 있는데, 만일 기존의 영업망을 활용할 수 있으면서 성장성까지 높은 약물을 도입한다면 기업가치는 더욱 높아질 전망입니다. 블록버스터 후보 의약품을 보유하고 있을 뿐만 아니라, 후기 임상경험과 판매망까지 갖추고 있어 기업의 성장에 대한 신뢰성이 매우 높다고 평가할 수 있습니다.

글로벌 트렌드_퇴행성뇌질환, 자가면역, AI진단

이 외에도 에이비엘바이오, 한올바이오파마, 루닛 등이 글로벌 경쟁력을 보여주고 있습니다. 에이비엘바이오ABL Bio는 이중항체 뇌혈장벽BBB 셔틀 등 그랩바디Grabody 플랫폼 기술을 확보하고 있으며, 이중항체 ADC 분야에도 집중적으로 투자하고 있어 성장성이 기대됩니다. 한올바이오파마는 FcRn 기전으로 자가면역질환 치료제를 개발하고 있는 임상3상 단계의 기업입니다. 동사는 리드 물질 바토클리맙Batoclimab으로 중증근무력증MG, 안근병증TED 환자 대상 임상3상을 진행하고 있으며, 미국 바이오텍 이뮤노반트Immunovant와 파트너십을 체결, 차세대 물질 IMVT-1402로 그레이브스병GD 등 여러 자가면역 적응증을 대상으로 확증적 임상을 준비하고 있습니다. 높은 성장성을 보이고 있는 FcRn 기전의 자가면역질환 치료제 개발 분야에서 나스닥 기업 아젠엑스Argenx, 존슨앤존슨J&J 등과 함께 기술 경쟁력을 갖춘 기업으로 평가받고 있습니다.

루닛Lunit은 AI바이오 분야에서 글로벌 시장을 대상으로 성장해 나가고 있는 기업입니다. 암 진단 솔루션인 루닛인사이트와 바이오마커 진단 솔루션 루닛스코프를 보유하고 있습니다. 최근 인수를 완료한 AI 유방암 검진 기업 볼파라헬스테크놀로지Volpara Health Technologies는 미국시장에서 높은 점유율과 꾸준한 성장성을 보이고 있어 루닛의 안정적인 성장과 미국시장 진출의 시너지도 기대해볼 수 있습니다. 또한 아스트라제네카와 루닛스코프를 활용한 바이오마커 검진 연구 계약도 체결하여 신약개발 동반진단 분야의 성장 역시 기대되는 상황입니다.

이처럼 유한양행뿐만 아니라 여러 국내 바이오 기업이 다양한 바이오 분야에서 글로벌 시장을 대상으로 주목할 만한 성과를 보이고 있습니다. 분야별로 본다면 ADC, 제형변경기술, 신경질환치료제, 항암제, 자가면역치료제, 이중항체, AI바이오 등 다양한 섹터에서 글로벌 경쟁력을 입증하고 있습니다. 이들 기업은 독자적인 개발과 자체 임상을 고집하지 않고 글로벌 기업과 협업하는 오픈 이노베이션 정신을 공유하고 있는 것이 특징입니다. 그러다 보니 자연스럽게 외부 전문가들에 의해 약물의 경쟁력이 검증되면서 임상에 성공할 확률도 글로벌 기업과 유사한 수준의 확률을 기대해볼 수 있습니다.

Chapter 2

미래 부의 키워드,
신약개발 바이오텍을
잡아라!

빅바이오텍과 블록버스터

명확한 정의는 없으나 대략 시가총액 50조원 이상의 바이오 기업을 빅바이오텍이라고 볼 수 있습니다. 물론 이 기업들은 시가총액이 말해주듯 독자적인 플랫폼 기술을 기반으로 개발한 블록버스터 혹은 블록버스터 가능성이 있는 신약을 2~3개 정도를 보유하고 있습니다. 연 매출 30억달러를 기록하면서 10억달러 이상의 순이익을 올리는 기업들입니다. 물론 수십억달러 수준의 현금도 보유하고 있습니다.

신약판매로부터 유입되는 매출은 성장을 위해 연구개발에 공격적으로 투자하고도 계속해서 회사 내부에 현금이 쌓이는 안정적 재무구조를 갖고 있습니다. 바이오텍이 빅바이오텍으로 성장하기도 어렵지만, 일단 빅바이오텍으로 성장하고 나면 탄탄한 자금력을 확

빅바이오텍

- 시가 총액   50조원 이상
- 보유신약   블록버스터 2~3개
- 연간 매출   3조원 이상
- 연간 순익   1~2조원 이상
- 현금   수조원

빅바이오텍의 조건

보할 수 있기 때문에, 임상에서 한두 번 고배를 마신다고 해서 치명적인 위기를 맞지는 않습니다. 빅바이오텍의 풍부한 자금력은 혁신적이면서도 다양한 파이프라인에 대한 재투자를 가능하게 합니다. 이들 중 일부는 다시 신약으로 승인되어 실패한 파이프라인에 투여된 비용을 보상받고도 충분한 이익을 남기는 신약 연구개발의 선순환 구조를 만들어줍니다.

빅바이오텍으로 성장한 기업들이 거쳐간 길은 모두 다르지만 결국 한 곳으로 모이게 되는데 그것이 바로 '블록버스터Blockbuster'입니다. 갖고 있는 기술, 타깃하는 적응증, 경영 전략, 자금 현황 등 모두 제 각각이지만 블록버스터를 개발함으로써 빅바이오텍으로 성장했다는 스토리는 한결같습니다. 블록버스터는 10억달러 이상의 매출을 올리는 신약을 말합니다. 블록버스터가 되기 위해서는 미충

85

족 수요가 큰 분야에서 탁월한 효능을 보여야 합니다. 즉, first-in-class나 best-in-class 약물이 블록버스터가 될 가능성이 높습니다.

2014~2023년 약 10년 동안 미국 FDA에 의해 승인된 의약품은 모두 487개이며, 이 중 193개인 40%가 10억달러 이상의 매출을 기록했습니다. 또한 42개 의약품인 9%가 50억달러 이상, 17개 의약품인 3%가 100억달러 이상의 매출을 올려, 전체적으로 본다면 승인된 의약품의 52%가 블록버스터로 성장했습니다. 미국 FDA가 승인한 의약품 둘 중 하나가 블록버스터라면 한번 도전해볼 만하다는 생각도 듭니다.

빅바이오텍은 바이오 벤처에서 시작해 리드물질을 개발하고, 또다시 자금을 조달해 다음 단계로 나아가는 과정을 반복, 결국 블록버스터를 개발한 기업들입니다. 각 임상단계에서 기술력을 바탕으

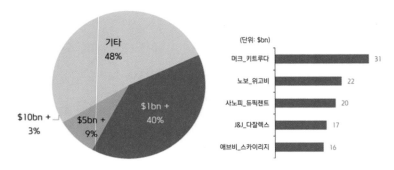

2014~2023년 미국 FDA 승인 487개 의약품 중 연간 매출 10억달러 초과 40%(193개), 50억달러 9%(42개), 100억달러 3%(17개) (출처: 키움증권)

5년 후 10배 오를 바이오 기업에 투자하라

블록버스터 자금 유입 → 집중 투자 실패와 성공 → 빅바이오텍 블록버스터 2~3개

빅바이오텍 성장 과정(출처: 임플바이오리서치)

로 탁월한 치료 효과와 부작용을 증명하는 것만이 이들의 유일한 생존 수단이었습니다. 블록버스터의 상업화를 달성한 이들은 더 이상 바이오텍이 아닙니다. 블록버스터로부터 유입되는 현금을 바탕으로 과감하게 파이프라인 확장 정책을 전개해 또 다른 블록버스터를 창출하는 안정된 재무구조를 갖춘 빅바이오텍으로 성장해갑니다.

국내 바이오텍도 빅바이오텍을 꿈꾸며 그들이 거쳐왔던 길을 각자의 방식대로 걸어가고 있습니다. 우리는 국내 신약개발 기업들이 빅바이오텍으로 성장해갈 것이라는 상상을 해본 적이 없습니다. 어렴풋이 넘지 못할 거대한 산이라는 고정관념을 갖고 있었을 뿐 빅바이오텍을 똑바로 쳐다볼 생각조차 한 적이 없습니다. 이제 빅바이오텍이 무엇이고 어떤 과정을 거쳐 성장했는지 분석해볼 때가 되었습니다. 유한양행의 렉라자가 신약으로 승인되어 블록버스터로 성장할 가능성이 높아졌기 때문입니다. 그뿐만 아니라 2025년에는 국내 주요 바이오 기업들의 글로벌 임상3상 결과 발표 및 신약승인 일정이 다수 포진되어 있기 때문이기도 합니다. 이제 국내 빅바이오텍을 꿈꾸고 이를 위한 투자에 대비할 시기입니다.

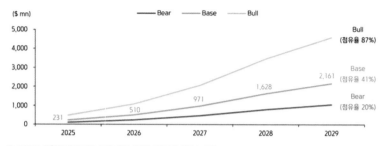

렉라자 시나리오별 매출 전망(출처: 키움증권)

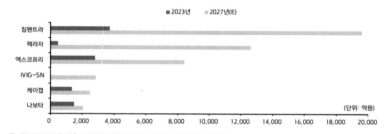

국내 블록버스터 신약후보들(출처: 키움증권)

　　나스닥 업체 중 빅바이오텍으로 성장한 기업들, 특히 이들 기업
이 블록버스터를 개발하기까지의 과정에 대해 자세히 살펴보겠습
니다. 살펴볼 3개 기업이 전개하는 연구개발 및 임상전략과 임상데
이터는 현재 빅바이오텍을 꿈꾸는 국내 바이오텍들에게 많은 시사
점을 제공합니다. 가장 핵심적인 내용은 블록버스터를 개발하기 위
해서는 미충족 수요가 큰 분야에서 탁월한 임상데이터를 입증해야

큰 미충족 수요

탁월한 임상데이터

블록버스터

블록버스터의 요건(출처: 임플바이오리서치)

한다는 것입니다. 이 포인트는 신약을 개발하는 바이오텍이나 바이오에 투자를 고려하는 투자자 입장 모두에 중요한 교훈을 줍니다.

특히, 임상2상 결과는 해당 신약후보물질이 블록버스터로 성장할 수 있는가를 가늠하는 잣대입니다. 1장에서 살펴본 것처럼 국내 3사 신약후보물질의 경쟁력은 임상2상 단계에서 이미 선명해졌다는 점에 주목할 필요가 있습니다. 약물의 효능을 검증하는 임상2상 결과에서 글로벌 경쟁력을 증명한 물질일수록 블록버스터로 성공할 가능성이 높아진다는 사실을 우리는 확인한 바 있습니다.

이번 장에서 만나게 될 3개의 나스닥 기업도 임상2상 결과의 경쟁력에 초점을 두고 살펴보시길 바랍니다. 미충족 수요가 큰 질환에서 탁월한 임상2상 결과를 나타냈고, 임상3상에서도 같은 결과를 입증한 신약후보물질이 블록버스터로 성장한다는 점을 3사가 공유하고 있습니다. 국내 바이오 기업들이 대부분 임상2상 단계를 진행하고 있고, 이들 중에서 성장 가능성이 높은 기업을 골라야 하는 투자자에게 의미 있는 정보를 제공할 것입니다.

자, 그럼 빅바이오텍으로 성장한 3개 기업의 성장스토리를 만나
보겠습니다!

가장 혁신적인
나스닥 바이오 기업, 버텍스

유별난 괴짜 조슈아 보거

1989년 조슈아 보거Joshua Boger는 새로운 방식의 약물 개발을

추구하면서 버텍스 파마슈티컬스Vertex Pharmaceuticals를 설립합니

버텍스 창립자 조슈아 보거(1989~2009) (출처: Joshua Elkington)

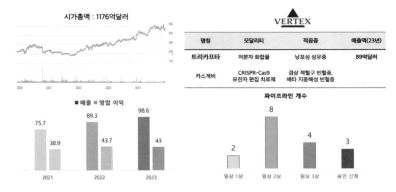

버텍스 현황(출처: Seeking Alpha, 임플바이오리서치)

다. 제약바이오 업계에서도 타의 추종을 불허하는 독특한 기업문화와 신약개발 전략을 펼쳐온 버텍스는 창립 이후 지속해온 성공과 실패의 경험을 미래의 의사결정을 위한 귀중한 자산으로 내재화하면서 가장 혁신적인 나스닥 바이오 기업으로 성장해왔습니다.

보거는 창업 당시 주류를 이루고 있던 스크리닝 방식의 신약물질 발굴로는 시간과 비용이 너무 많이 들어 효율적이지 못하다고 판단, 보다 개선된 방식으로 약물을 개발해야겠다고 생각합니다. 현재 바이오 신약개발에 적극적으로 도입하고 있는 타깃의 3차원 구조에 맞춘 약물설계 방식이 바로 그것입니다.

여기 자물쇠가 있고 수많은 열쇠가 있다고 가정해보겠습니다. 맞는 열쇠를 찾기 위해 하나하나 맞춰보는 것이 머크Merck & CO.,를 비롯한 기업들의 연구 방식이라면, 자물쇠의 구조를 파악하고 그 구조

92
5년 후 10배 오를 바이오 기업에 투자하라

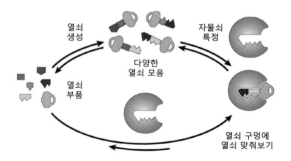

Nature Reviews | Drug Discovery

구조 기반 약물 설계의 예시(출처: Nature Reviews 참조, 임플바이오리서치 가공)

에 맞는 열쇠를 설계하는 것이 보거의 방식입니다. 지금은 일상이 되었지만 당시로서는 미국 머크도 받아들이지 못한 혁신적인 사고였습니다. 버텍스가 설립되기 약 10년 전인 1980년을 전후로 구조 기반 약물설계의 개념이 제안되었고, 그 후 이 아이디어를 기반으로 여러 혁신적인 기업들이 생겨났습니다. 구조 기반 약물설계에 의해 신약이 개발된 적이 없기 때문에 그만큼 기회도 많았지만 위험도 뒤따랐습니다.

보거는 자신이 미국 머크에 입사한 1980년대를 회상하며, 지금과 달리 당시에는 컴퓨터가 희귀해 머크에도 고작 1대밖에 없었다고 말합니다. 머크의 제약 연구소에 최초로 퍼스널 컴퓨터를 도입한 사람이 바로 보거였습니다. 애플의 매킨토시 컴퓨터를 하나 산 후, 그 무거운 것을 매일 가방에 챙겨서 출퇴근했다고 합니다.

1980년대 보거가 사용한 컴퓨터 기종인 애플의 매킨토시(출처: Computer History Museum)

그는 화합물 데이터를 분석하기 위해 자신의 전용 컴퓨터를 사용했는데, 부서끼리 소통이 드문 분위기에서 그는 화학 부서에서 생물학 부서로 왔다갔다하면서 화합물을 개발했습니다. 보거도 자신이 머크 연구진 중 "유별난 괴짜odd duck"였다고 말합니다.

머크 연구소에도 자동화 장치는 거의 없었기 때문에 모든 연구 과정은 수작업으로 이루어졌습니다. 당시 분자생물학은 학계에서 활발히 연구되고 있었지만 상업화 단계에는 이르지 못했습니다. 머크에도 컴퓨터 기술과 분자생물학이 존재하긴 했지만 부서를 달리하여 분산되어 있었습니다. 보거는 당시 신기술이었던 컴퓨터 자동화 장치를 약물을 발굴하는 화학자들이 전혀 쓰지 않는 것을 보고 '비효율적'이라고 느꼈습니다. 컴퓨터공학, 분자생물학, 유기화학, 생명공학 등 다양한 학문이 융합되어 연구자들이 모두 함께 일해야 한다고 생각했습니다. 컴퓨터를 이용한 분자 설계가 일반화된 지금 되돌아보면 당연한 것이지만 당시에는 혁신적인 연구 방법이었습니다.

보거는 다양한 분야를 융합해 신약을 개발하는 통합된 부서를 새로 만들자고 머크에 제의했습니다. 놀랍게도 머크 연구소장은 흔쾌히 승낙했고 이 아이디어에 대해 상당히 긍정적으로 반응했습니다. 작은 연구팀을 운영하던 낮은 직급의 보거는 하루아침에 머크의 연구인력 절반을 관리하는 관리직으로 승진했습니다. 머크는 심지어 이 통합된 부서가 일할 건물도 새로 지었습니다. 고위 경영진과 신입 연구원들은 이 부서에 대해 열정적이었지만, 중간관리직들은 어떻게 보거를 방해할지만을 궁리했습니다. 보거는 이들을 "중간관리직 쓰레기middle management sludge"라고 불렀습니다. 새로운 부서를 관리하던 보거는 자신의 혁신적인 일을 지연시키는 중간관리직들과 다투느라 많은 시간을 허비했습니다.

버텍스 창업

그러던 중 보거는 벤처캐피탈리스트 케빈 킨셀라Kevin Kinsella로부터 전화 한 통을 받습니다. 그 당시 보거는 미국 전역을 돌아다니면서 새로운 부서에서 일할 사람들을 모집하고 있었습니다. 이 소식을 들은 케빈 킨셀라는 보거에게 차라리 머크를 퇴사하고 밖에서 회사를 만드는 것이 더 빠르지 않겠냐고 제안했습니다. 보거는 벤처캐피탈이나 회사 설립에 대한 지식이 없었기 때문에 처음엔 케빈 킨셀라를 믿지 않았지만, "더 빠르다faster"는 말에 혹해 몇 달 동안 킨셀라와 계속 통화하면서 관련 정보를 수집했습니다.

그리고 1989년, 보거는 빅파마였던 미국 머크의 기초화학 부문을 이끄는 총망받던 연구 책임자 자리를 박차고 나와 창립할 것을 결심하기에 이릅니다. 성장하는 과정에서 버텍스는 머크와 달리 새롭게 떠오르고 있었던 바이오와 소프트웨어 기술을 적극적으로 사용합니다.

보거가 머크에 있을 때 가장 좋아했던 통계는 신약의 성공 확률

벤처캐피탈리스트 케빈 킨셀라(출처: Avalon Ventures)

이었습니다. 그에 따르면 신약이 성공하기 위해서는 수십만개의 화합물을 만들어야 하고, 최소 30명의 인원과 10년의 시간을 소요하는 프로젝트 100개 이상을 진행해야 합니다. 어떠한 약물이 성공할지 아무도 모르기 때문에 신약의 성공 확률을 높이기 위해 최대한 다양한 약물을 포함한 포트폴리오를 만들어야 합니다. 어디서 잭팟이 터질지 모르니 당장 결과가 나오지 않더라도 프로젝트를 섣불리 중단하면 안 되고 프로젝트를 유지할 정도는 투자해야 한다고 합니다. 다만 개별 약물의 초기 데이터에 비례해 자원을 분배할 뿐입니다. 그러다 데이터가 잘 나오는 파이프라인이 있으면 전폭적으로 프로젝트를 지원하는 것입니다. 초기 임상데이터가 잘 나오는 약물이 있으면 그 다음을 이을 후속 파이프라인들을 많이, 빠르게 만드는 것이 더 중요합니다.

보거는 버텍스가 돈 버는 일에 집중한 적은 없다고 잘라 말합니다. 회사 초기에 마케팅 전문가들이 버텍스 파이프라인의 10년 후 가치를 전망했는데, 그는 딱히 관심을 보이지 않았다고 합니다. 그가 머크에 있었던 시절 블록버스터로 기대되던 약물의 매출액이 여러 가지 이유로 기대 매출액의 10%밖에 미치지 못하는 것을 보면서 예측은 항상 빗나간다는 것을 깨달았기 때문입니다. 보거는 자신이 머크에서 자랐다고 하면서 일명 "머크 만트라Merck Mantra, 머크의 진리"를 따를 뿐이라고 했습니다. 머크의 창립자 조지 머크George Merck는 1950년 버지니아 의대에서 연설 중 "당신이 환자들을 돌보

머크의 창립자 조지 머크(출처: 머크)

면 이익은 스스로 돌본다"는 유명한 말을 남겼습니다.

회사의 이익이 중요하지 않다는 것이 아닙니다. 보거는 돈에 집중하는 것은 돈을 버는 가장 비효율적인 방법이고, 돈을 버는 가장 효율적인 방법은 내가 제공하는 가치를 최대화하는 것이라고 말했습니다.

버텍스의 신약개발 과정

신약개발 기업에 있어 첫 파이프라인Lead Pipeline은 '맏딸'의 존재와 같아서 기업의 생존과 성장 측면에서 매우 중요한 위치를 점합니다. 만일 첫 파이프라인이 흔들리게 되면 실력을 발휘해보기도 전에 문을 닫는 경우가 생길 수 있습니다. 이와 같은 막중한 부담 속 버텍스가 처음으로 선택한 파이프라인은 차세대 면역억제제였습니다. 많은 적응증 중에서도 면역억제제를 선택한 이유는 비록 불확실성이 높기는 하지만 미충족 수요가 크고, 빅파마가 아직 신약을 개발하지 못했으며, 관심이 높은 영역이라고 판단했기 때문입니다. 버텍스의 강점인 차별화된 신약개발 방식으로 남들보다 더 좋은 약물을 보다 빠르게 발굴해 승부를 보겠다는 전략이었습니다.

버텍스의 면역억제제 개발 방향은 'FK506'이라는 후보물질이었고, 첫 작업은 타깃 단백질인 FKBP를 공략하기 위해 구조와 기전을 규명하는 것이었습니다. FKBP에 대한 연구는 버텍스의 과학자문위원장이자 하버드 대학교 교수이며, 지금은 아레나 바이오웍스Arena BioWorks를 이끌고 있는 스튜어트 슈라이버Stuart Schreiber에

스튜어트 슈라이버(출처: Harvard Magazine)

많은 부분을 의존하고 있었습니다. 그러나 연구 내용의 보안 문제를 둘러싸고 서로 간에 갈등을 겪게 됩니다.

문제의 핵심은 타깃에 대한 기전작용 메커니즘 연구가 명확하게 이루어지지 않은 상태에서 후속 연구가 진행되었다는 것입니다. 기초가 불안한 상태라면 아무리 화려한 장식으로 치장한다 하더라도 그 건물은 오래 버틸 수 없습니다. 대부분의 자금을 투여한 첫 파이프라인이 난관에 봉착하면서 절대적 위기감을 느낀 보거는 개발 전략을 전면적으로 수정할 필요성을 체감, 새로운 프로젝트로 방향을 틀게 됩니다.

보거는 FK506은 어떠한 측면에서는 성공한 프로젝트라고 말합니다. FK506은 불명확한 약리기전과 부정확한 타깃 선정으로 처참하게 실패했지만, 다른 회사들과의 파트너십을 강화하고 후속 파이프라인의 기초가 되는 약물 개발 플랫폼을 구축하는 데 일조했기 때문입니다. 지금까지도 보거는 파트너사와 이야기해보면, FK506을 통해 약물을 개발하는 새로운 방식을 정립했고 이후 개발되는 약물에 큰 영향을 미쳤기 때문에 성공적인 협업 사례라는 점에 서로 동의한다고 강조합니다.

자금 조달 문제로 어려움을 겪던 버텍스는 바이오텍 투자 열풍을 타고 1991년 나스닥 입성에 성공합니다. 낭(포)성섬유증 치료제를 개발할 운명인 버텍스에게 하늘은 다시 한 번 기회를 내려줍니다. 버텍스는 기업공개로 모집된 자금을 인간 면역결핍 바이러스human immunodeficiency virus, HIV 치료제 개발에 집중적으로 투여합니다. 전 세계가 HIV 공포에 떨고 있었지만 마땅한 치료제가 없었기 때문에 버텍스뿐만 아니라 여러 글로벌 기업들이 이 질환에 뛰어들고 있었습니다. 1993년 글락소웰컴Glaxo Wellcome과 HIV 치료제 후보물질 VX-328의 공동연구 계약을 체결하면서 연구개발은 본 궤도에 다시 진입하게 됩니다.

버텍스가 최초로 출시한 약물이 HIV 치료제였음에도 불구하고 1989년 당시 버텍스의 초기 사업 계획이 "HIV를 제외한" 항바이러스제 및 면역질환 치료제 개발이었다는 것은 아이러니가 아닐 수 없습니다. 버텍스가 HIV를 싫어해 처음부터 신약개발 대상에서 제외한 것이 아닙니다. 당시 항바이러스제 개발 회사는 HIV 치료제를 많이 개발하고 있었고, 투자 업계에서는 HIV 치료제의 대부분이 약효가 없다는 것을 알고 있었습니다. 따라서 버텍스의 투자자들이 항바이러스제 개발을 악명 높은 HIV 치료제 개발로 오인하는 것을 방지하기 위해 버텍스는 HIV 치료제를 개발하지 않는다는 점을 강조했던 것입니다. 그러면 버텍스는 어떻게 HIV 치료제를 개발하게 되었을까요?

보거는 버텍스의 열정적인 연구원들이 한 번 연구 주제를 정하면 경영자가 연구원들의 관심을 다른 프로젝트로 돌리기 힘들다고 말하곤 합니다. 예를 들어, 버텍스 연구원 중 한 X-선 결정학자는 회사에 가까이 있고 싶어, 회사로부터 30m 떨어진 주택을 임대, 심지어 3개월 동안 집에 들어가지 않고 24시간 가동되어 따뜻한 25kW X-선 발생장치 앞에서 자며 생활한 적도 있다고 말할 정도입니다. 버텍스의 초기 연구원들이 HIV 치료제를 밤새 연구해서 그럴싸한 결과를 내놓자, 보거는 초기 사업모델을 변경, HIV 치료제를 개발하기로 결정합니다.

1996년 버텍스는 일라이릴리Eli Lilly와 C형간염herpatitis C virus, HCV 치료제 후보물질 VX-950의 개발도 동시에 진행합니다. HCV는 여러 빅파마가 밀집된 영역으로, 버텍스가 단독으로 진행하기에는 위험 부담이 클 수밖에 없었습니다. 아니나 다를까 VX-950은 일라이릴리와의 계약이 파기되어 위기를 맞이합니다. 한편, 1999년 드디어 HIV 치료제 아게너라제Agenerase를 미국 FDA로부터 승인받아 출시하기에 이릅니다. 버텍스 창립 10년 만의 첫 결실이었습니다. 그러나 기쁨도 잠시, 경쟁약물 대비 출시 시기가 늦어진 탓에 아게너라제의 매출은 기대에 미치지 못했습니다. 뒤늦은 출시는 상업적인 성공을 거두기 힘들다는 교훈을 얻는 순간이었습니다.

일라이릴리와의 계약이 파기된 VX-950에 대해 보거는 과감하게도 독자 개발을 결정하고 이번에는 아게너라제의 매출 부진을 교훈 삼아 신약개발 속도에 승부를 겁니다. 타사 대비 효능과 부작용 경쟁력은 열위했지만 가장 처음 시장에 진출한다면 승산이 있다고 본 것이었습니다.

HCV 치료제는 어떻게 개발하게 되었을까요? 당시 보거는 버텍스의 신사업협의회New Project Council에서 코로나바이러스와 같은 감기바이러스 치료제를 개발하자며 설득하고 있었습니다. 감기 치료제의 문제점은 감기 바이러스가 거의 없거나 다 없어졌을 때 기침, 재채기, 발열과 같은 증상이 나타난다는 데 있었습니다. 한편, HCV 바이러스도 회의 안건에 올라왔는데, 보거는 머크에 근무하던 시절 HCV에 대해 연구한 경험이 있었습니다. 버텍스 설립 직후 HCV 바이러스 유전체의 염기서열이 밝혀지는데, 당시 HCV는 HIV보다 환자가 4배 이상 많았고 HIV처럼 HCV에 걸리면 사망선고나 다름없었을 정도로 사망률이 높았기 때문에 미충족 수요가 매우 컸습니다. HCV의 구조는 단순했고 HIV처럼 프로테아제protease, 단백질분해효소를 이용하기 때문에 버텍스가 치료제를 개발하기에 적합했습니다.

2011년 HCV 치료제 인시벡INCIVEK이 경쟁약물을 제치고 FDA의 승인을 받았습니다. HCV 치료제 인시벡은 당시 신약개발 역사상 가장 빠르게 출시한 약물이었습니다. 인시벡에 대한 FDA 자문위원회를 연 지 2주 만에 승인을 받았습니다. 공교스럽게도 머크와 버텍스는 같은 날 손잡고 FDA로 가서는 각각 HCV 치료제를 승인받았습니다. 버텍스의 약이 머크의 약보다 약효가 좋았기 때문에 당연히 더 많이 팔렸습니다. 기존 표준치료제가 치료 1년 후 15~20%의 환자를 치료한다면, 인시벡은 몇 달 후 65~70%의 환자를 치료했습니다. 조기 진입자의 수혜를 누리며 초기에는 매출 호조를 보였지만, 3년 후 길리어드 사이언스Gilead Sciences의 소발디SOVALDI가 출시되자 상황은 달라졌습니다. 소발디는 6주 만에 90% 이상의 환자를 치료할 정도로 그 효능이 압도적이었습니다. 인시벡보다 더 좋은 약효를 가진 소발디가 출시되자 인시벡의 매출은 급감했고 얼마 후 시장에서 철수했습니다. 신약개발에 있어 신약승인보다 시장 독점력을 얼마나 확보하고 유지하느냐가 더 중요하다는 것을 깨닫게 되는 순간이었습니다.

블록버스터를 향한 새출발

신약개발을 2번 성공했음에도 뚜렷한 성과를 거두지 못한 버텍스는 남들이 쉽게 따라오지 못할 영역에서 혁신적인 신약을 개발해야 한다는 사실을 드디어 깨닫게 됩니다. 전략의 전환점을 맞이한 2012년 버텍스는 보거의 후임으로 2009년 새롭게 버텍스에 합류한 제프리 라이덴Jeffrey M. Leiden을 새로운 CEO로 맞이합니다. 라이덴은 시카고 대학교The University of Chicago에서 박사학위를 받은 후 학계와 다양한 신약개발 기업에서 일했습니다. 2000년부터 2006년까지 애보트연구소Abbott Laboratories에서 최고과학책임자COO 겸 CSO로 일한 바 있습니다. 이후 그는 2009년 버텍스에 합류하기 전, 클라러스벤처Clarus Ventures, 벤처캐피탈 기업에서 운용책임자로 근무하기도 했습니다.

버텍스의 CEO 제프리 라이덴(2012~2020) (출처: Michael Prince/The Forbes Collection)

라이덴이 CEO로 취임한 해 글로벌 첫 낭(포)성섬유증Cystic Fibrosis, CF 치료제 칼리데코Kalydeco가 FDA의 승인을 받게 됩니다. 버텍스가 창업 후 2001년 인수한 오로라바이오사이언스Aurora Biosciences가 보유하고 있던 낭(포)성섬유증 파이프라인이 꾸준히 개발되어 결실을 맺게 된 것입니다. 버텍스가 당초 오로라를 인수한 목적은 더 효율적인 약물개발을 위한 초고속 대량 스크리닝 플랫폼 확보였으나 뜻하지 않은 우연이 버텍스의 운명을 바꾸어 놓았습니다. 성공한 바이오 기업들 대부분은 이런 사연 하나씩은 갖고 있는 것 같습니다.

낭(포)성섬유증 치료제 칼리데코가 FDA의 승인을 받고 한 달 후 수장에 오른 라이덴은 버텍스의 향후 연구개발 전략과 자원 배분에 대한 의미 있는 결정을 내립니다. 칼리데코에서 성장 가능성을 확인한 라이덴은 회사의 큰 방향을 희귀 중증질환인 낭(포)성섬유증 신약개발로 확정하고 이에 맞추어 대대적인 구조조정을 일사불란하게 실시합니다.

버텍스는 왜 항바이러스제에서 낭(포)성섬유증 치료제로 개발 방향을 전환했을까요? '전환'은 결과이지 원인이 아닙니다. 낭(포)성섬유증 치료제는 버텍스에게 인수된 오로라바이오사이언스의 포트폴리오 중 하나였습니다. 낭(포)성섬유증 치료제 개발은 1999년에 시작했고 첫 낭(포)성섬유증 치료제인 칼리데코는 2012년에 출시되었습니다. HCV 치료제인 인시벡을 시장에서 철수한 것은 2014년입니다. HCV 치료제가 잘 안 될 것 같아서 2011년에 전략적으로 낭(포)성섬유증 치료제를 개발하기로 결심한 것이 아닙니다. 낭(포)성섬유증 치료제는 HCV 치료제와는 별개로 오로라바이오사이언스에서 10년 전부터 개발하던 약물이고 결과가 잘 나와 이 물질을 선택했을 뿐입니다. 즉, 버텍스가 선견지명이 있어서 낭(포)성섬유증 치료제 개발로 전환한 것이 아니라 버텍스의 여러 파이프라인 중 하나로 20명 정도의 소규모였던 프로젝트의 초기 결과가 좋게 나오자 자원을 추가로 투자, 100명이 넘는 대형 프로젝트로 발전하게 된 것입니다. 이를 보면 제약회사 경영의 핵심은 정확한 예측이 아니라 적절한 반응과 대응인 것 같습니다. 여담이지만 주식 운용도 마찬가지라고 생각합니다. 예측이 아니라 시장 변화에 맞는 시의적절한 대응이 중요합니다.

낭(포)성섬유증은 CTFR 단백질의 돌연변이로 인해 폐의 상피세포에서 염과 물의 흐름이 원활하지 않아 폐의 기관지에 끈적한 점액이 쌓이고 폐가 손상되는 유전병입니다. 흡입항생제와 점액용해제 등 기존의 대증요법은 낭(포)성섬유증의 증상만 완화하고 근본적인 원인을 해결하지 못해 미충족 수요가 컸습니다.

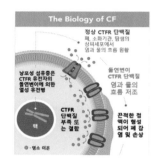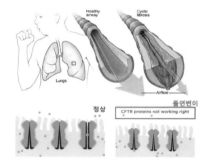

낭(포)성섬유증(출처: 버텍스 IR 자료)

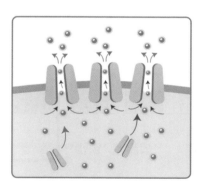

CFTR 조절제의 작용기전, 세포막 아래 갇힌 CFTR을 세포막으로 끌어올려 염과 물의 흐름을 원활하게 해 폐의 기능을 회복(출처: 트리카프타 제품 홈페이지 참조, 임플바이오리서치 가공)

CFTR 조절제인 칼리데코는 활성 CTFR을 세포막으로 유도해 염과 물의 흐름을 개선하고 점액의 생성을 방지합니다.

칼리데코는 G551D 변이를 가진 낭(포)성섬유증 환자들의 폐기능을 크게 향상시켰습니다. G551D CFTR 변이가 있는 낭(포)성섬유증 환자 총 39명을 대상으로 칼리데코의 안전성 등을 평가하는 다기관, 무작위배정, 이중맹검, 위약대조 임상2상에서 중대한 이상반응SAE, Serious Adverse Event은 2명(3%)이었고 부작용으로 인한 임상중단은 없었습니다. 14일 차 1초간 강제호기량ppFEV 변화는 칼리데코 150mg 투여군과 위약군에서 각각 10.8% vs 2.0%였습니다.(p=0.05)

즉, 칼리데코는 임상2상부터 위약군 대비 통계적 유의성을 입증

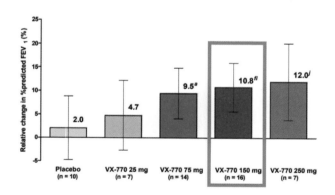

G551D CFTR 변이가 있는 낭성섬유증 환자 총 39명을 대상으로 칼리데코의 안전성 등을 평가하는 임상2상에서 14일 차 1초간 강제호기량(ppFEV) 변화는 칼리데코 150mg 투여군과 위약군에서 각각 10.8% vs 2.0%(p=0.05) (출처: N Engl J Med 2010;363:1991-2003)

하면서 개념증명에 성공했습니다. 칼리데코는 G551D 변이를 가진
낭(포)성섬유증 환자들의 폐기능을 크게 향상시켰습니다. G551D
변이를 가진 12세 이상 낭(포)성섬유증 환자에서, 칼리데코의 유효
성과 안전성을 평가하는 임상3상(STRIVE)에서 치료 24주 차에 1차
유효성평가지표인 1초간 강제호기량이 위약군 대비 10.6% 상승했
습니다.

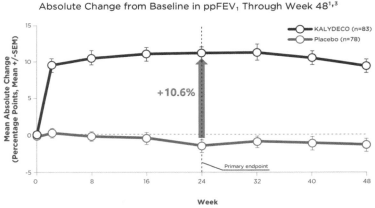

G551D 변이를 가진 12세 이상 낭성섬유증 환자에서, 칼리데코의 유효성과 안전성을 평가하는 임
상3상(STRIVE)에서 치료 24주 차에 1차유효성평가지표인 1초간 강제호기량(ppFEV)이 위약군 대비
10.6% 상승(출처: 칼리데코 제품 홈페이지 참조, 임플바이오리서치 가공)

또한 G551D 변이를 가진 6세 이상 11세 이하 낭(포)성섬유
증 환자에서 칼리데코의 유효성과 안전성을 평가하는 임상3상
(ENVISION)에서 치료 24주 차에 1차유효성평가지표인 1초간 강

Absolute Change from Baseline in ppFEV₁ Through Week 48[1]

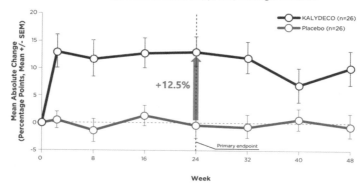

G551D 변이를 가진 6세 이상 11세 이하 낭(포)성섬유증 환자에서 칼리데코의 유효성과 안전성을 평가하는 임상3상(ENVISION)에서 치료 24주 차에 1차유효성평가지표인 1초간 강제호기량(ppFEV₁)이 위약군 대비 12.5% 상승(출처: 칼리데코 제품 홈페이지 참조, 임플바이오리서치 가공)

제호기량이 위약군 대비 12.5% 상승했습니다.

칼리데코의 부작용은 대부분 경증 또는 중등증이었고 부작용으로 인한 임상중단 비율은 2%에 불과했습니다. 기존 증상 완화제에 비해 칼리데코의 약효가 우월하다는 것을 임상3상에서 증명한 것입니다.

이후 칼리데코를 처방할 수 있는 CFTR 변이는 10개로 확장되었고, 사용 연령도 1개월 이상 유아까지 낮아졌습니다. 특히, 2017년 3월 17일 FDA는 칼리데코의 처방 범위를 전임상 결과만을 기초로 CFTR 변이 10개에서 33개로 확장시키는 전격적인 결정을 내립니다. FDA는 희귀한 낭(포)성섬유증 변이를 가진 환자들이 너무 적어 임상시험이 힘들기 때문에, 정밀의학을 통한 대체적 접근을 통해 칼리데코에 반응할 환자들의 돌연변이를 특정할 수 있었다고 판단한 것입니다. 다시 말해, 버텍스의 인비트로in vitro, 시험관 인간세포 모델이 칼리데코의 임상적 반응을 합리적으로 예측할 수 있다고 본 것입니다. 실험실에서 추가 변이들이 칼리데코에 반응하자 그 변이들의 임상결과를 추정할 수 있었던 것입니다. 이 확장으로 인해 낭(포)성섬유증 환자 인구의 3%인 900명 정도가 칼리데코의 처방 범위에 추가되었습니다.

타깃인 CFTR은 다양한 돌연변이를 갖고 있어 칼리데코가 치료할 수 있는 환자는 한정적이었습니다. 다른 돌연변이 환자들을 위한 치료제가 필요하다는 의미입니다. 칼리데코에 이어 다양한 유전자 변이 CF 치료제 오캄비ORKAMBI, 심데코SYMDEKO, 트리카프타TRIKAFTA까지 출시되면서 낭(포)성섬유증 환자의 90%를 커버하기에 이릅니다. 시장이 작지만 확실한 과학적 근거를 바탕으로 성공을 이룬 다음 주변 영역으로 확장해나가는 전략이었습니다.

버텍스의 매출액에 혁신적인 변화를 갖고 온 의약품은 트리카프타입니다. 따라서 트리카프타의 임상2상 결과는 버텍스 성공에 매우 중요한 의미를 갖습니다. F508del 돌연변이 18세 이상 낭(포)성섬유증 환자 총 123명을 대상으로 트리카프타의 효능과 안전성을 평가하는 다기관, 무작위배정, 이중맹검, 위약대조 임상2상에서 SAE는 3명(4%)이었고 사망은 없었습니다. F508del 돌연변이 1개를 보유한 95명의 낭(포)성섬유증 환자들의 1초간 강제호기량은

13.8% 상승했고, F508del 돌연변이 2개를 보유한 28명의 낭(포)성섬유증 환자들의 1초간 강제호기량은 11.0% 상승했습니다. 반면 위약군은 강제호기량에 변화가 거의 없었습니다. 낭(포)성섬유증 분야에서 이전에 볼 수 없었던 혁신적인 효능이 확인되면서 트리카프타는 큰 주목을 받게 됩니다.

미충족 수요가 큰 분야에서 혁신적인 효능을 보인 트리카프타는 임상2상 결과 발표 시점에서 블록버스터로서의 가능성이 매우 높았다고 평가할 수 있습니다.

기존 증상 완화제를 계속 사용하는 12세 이상 F508del 돌연변이 낭(포)성섬유증 환자를 대상으로 하여 트리카프타를 평가하는 임상3상에서 1차유효성평가지표인 1초간 강제호기량은 치료 4주 차에 13.7% 상승했고, 24주 차에 14.3% 상승했습니다. 2차유효성평가지표인 연간 폐 악화율은 24주 차에 63% 감소했습니다. 트리카

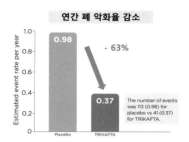

F508del 돌연변이 12세 이상 낭(포)성섬유증 환자를 대상으로 트리카프타의 약효를 평가하는 임상3상에서 1차유효성평가지표인 1초간 강제호기량은 4주 차에 13.8% 상승했고 24주 차에 14.3% 상승, 2차유효성평가지표인 연간 폐 악화율은 24주 차에 63% 감소(출처: 트리카프타 제품 홈페이지 참조, 임플바이오리서치 가공)

프타가 기존 증상 완화제에 비해 효능이 우월하다는 것을 증명한 것입니다.

트리카프타보다 개선된 약물 반자VANZA는 임상3상 완료 후 알리프트렉ALYFTREK이라는 제품명으로 FDA의 승인을 받았습니다. 기존 트리카프타는 아침에 오렌지색 알약 2알, 저녁에 지방 함유 음식과 함께 푸른색 알약 1알을 복용해야 해서 환자의 편의성과 순응도가 낮았습니다. 버텍스의 최근 설문조사에 의하면, 75%의 의사가 낭(포)성섬유증 환자에게 더 간편한 약물에 대한 매우 큰 미충족 수요가 존재한다고 답했습니다. 2024년 12월 20일 버텍스는 트리카프타보다 더 간편하게 복용할 수 있는 낭포성섬유증 치료제인 알리프트렉의 FDA 승인을 받습니다. 이로써 버텍스는 칼리데코, 오캄비, 심데코, 트리카프타에 이어 5번째 낭(포)성섬유증 치료제를 보유하게 되었습니다. 알리프트렉은 1일 1회 투여하기 때문에 환자의 약물 복용 편의성이 증대되었고 31개의 CTFR 변이가 추가되었습니다. 또한 12세 이상 낭(포)성섬유증 환자를 대상으로 한 임상3상 시험의 1차유효성평가지표인 기저 대비 1초 강제호기량 변화에서 트리카프타와의 비열등성을 입증했습니다.(0.5% vs 0.3%) 2차유효성평가지표인 기저 대비 땀 염화물 감소에서는 트리카프타보다 개선(-7.5mmol/L vs +0.9mmol/L)된 것으로 나타났습니다. 이러한 알리프트렉 임상결과는 낭(포)성섬유증 치료제 개발의 허들을 더욱 높여 경쟁자들의 진입을 막는 장벽으로 작용하게 됩니다.

또한 아직 미충족 영역으로 남아 있는 나머지 10%의 환자를 위해 모더나Moderna, Inc.와 협업하여 VX-522 임상1/2상을 진행하고 있습니다. 모더나는 코로나 백신으로 유명세를 탄 기업인데, 우리 몸속에 필요한 단백질이 결여되어 질병이 발생할 때 해당 단백질을 만들어주는 mRNA 기술을 보유하고 있습니다. CFTR 채널 단백질이 아예 만들어지지 않는 낭(포)성섬유증 환자들에게 mRNA를 전달해서 회복시키는 기전의 치료제로 코로나19 백신과 같은 원리입니다. 만일 개발에 성공한다면 낭(포)성섬유증 모든 환자군으로 적응증 확장이 달성되는 것입니다.

젊은 낭(포)성섬유증 환자의 수명을 45년 연장할 수 있다는 연구도 있을 정도로 트리카프타는 혁신적인 약물입니다. 뛰어난 치료 효과와 희귀질환의 특성상 환자수가 적다는 점을 감안해 버텍스의 낭(포)성섬유증 치료제들은 고가로 책정되었습니다. 트리카프타의 가격은 환자 1명당 1년에 무려 30만달러입니다. 또한 낭(포)성섬유증은 암과는 달리 만성질환이기 때문에 환자의 지속적인 치료가 필요하므로 치료 환자군이 확장됨에 따라 매출도 동반해 증가하는 모습을 볼 수 있습니다. 2023년 트리카프타의 매출액은 89.4억달러로 버텍스의 총 매출액 98.7억달러의 90%를 차지합니다.

희귀질환 치료제는 환자수가 적어 시장성이 떨어진다고 생각할 수 있으나 그렇지만도 않다는 것을 보여주는 사례입니다. 일반 만성질환의 경우 시장은 크지만 경쟁약물도 많고 마케팅 비용도 커 수익성이 떨어질 수 있습니다. 희귀질환 치료제를 일반 질환 치료제와 비교할 때 약물 발굴이나 임상초기 단계의 경우는 비용이 비슷하지만, 임상후기 단계나 상업화 단계에서 투여되는 비용이 적습니다. 특히, 버텍스는 낭(포)성섬유증 환자단체나 의료진 커뮤니티의 지원을 받게 되면서 마케팅 비용을 크게 절감, 이를 R&D 비용으로 집중 투자할 수 있었습니다. 2023년 버텍스는 매출액 98.7억달러 중 31.6억달러를 R&D 비용으로 지출했고, 42.4억달러를 판관비로 지출했습니다. 즉, 매출액의 3분의 1을 연구개발 비용에 썼습니다. 보통 제약회사들이 매출액의 10~20%를 R&D 비용으로 재투자하고 R&D 비용의 2~3배를 판관비로 지출한다는 점을 고려하면, 버텍스는 R&D 중심 바이오텍이 분명합니다.

트리카프타 승인 이후 버텍스 R&D 금액 증가의 기울기가 가팔라짐(출처: 임플바이오리서치)

버텍스는 지금까지 꾸준하게 연구개발비를 증가시켜왔는데, 낭
(포)성섬유증 치료제의 적응증을 확장할 때마다 더 빠른 속도로 연
구비를 증가시켰습니다. 특히 낭(포)성섬유증 환자의 90%를 커버
하는 트리카프타 승인 이후 R&D 금액 증가는 기울기가 더 가팔
라지고 있습니다. 블록버스터로부터 유입되는 자금을 활용, 다양
한 희귀질환을 대상으로 연구개발을 확장 중이라고 해석할 수 있
습니다.

레트로와 트렌드를 융합해
ADC 명가로 거듭난, 다이이찌산쿄

다이이찌제약과 산쿄의 통합

1915년부터 합성화합물을 개발해온 다이이찌제약과 1899년 창립된 순환기 및 내분비계 항체의약품 기업 산쿄가 2005년 4월 통합을 선언, 2년 뒤인 2007년 사업을 통합해 다이이찌산쿄로 출범했습니다. 산쿄와 다이이찌의 전문 분야가 서로 중복되지 않는 점이 통합의 이유 중 하나였습니다.

산쿄 출신으로서 다이이찌와의 통합을 이끈 주역이자 2025년 다이이찌산쿄그룹의 차기 CEO로 내정된 오쿠자와 히로유키는 산쿄와 다이이찌제약이 합병하면 순환기 영역에서 성장할 수 있겠다는 판단이 있었다고 합니다. 두 회사가 도보 10분 정도로 가까워 서

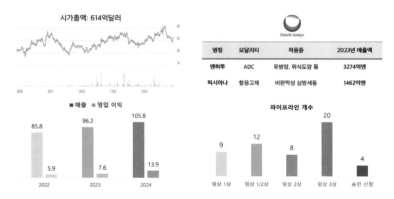

시가총액: 614억달러

명칭	모달리티	적용증	2023년 매출액
엔허투	ADC	유방암, 위식도암 등	3274억엔
릭시아나	항응고제	비판막성 심방세동	1462억엔

■매출 ■영업이익

2022: 85.8 / 5.9
2023: 96.2 / 7.6
2024: 105.8 / 13.9

파이프라인 개수

임상 1상: 9
임상 1/2상: 12
임상 2상: 8
임상 3상: 20
승인 신청: 4

다이이찌산쿄 현황(출처: Seeking Alpha, 임플바이오리서치)

2025년 다이이찌산쿄그룹의 차기 CEO로 내정된 오쿠자와 히로유키(출처: 다이이찌산쿄 홈페이지)

로 소통하기에 용이했다는 점도 합병에 영향을 미쳤습니다.

다이이찌산쿄의 신약개발 역사는 120년이 넘습니다. 산쿄의 신약개발 역사는 소화제와 아드레날린 개발의 역사이기도 합니다. 다이이찌산쿄는 2008년 6월 인도의 제네릭 회사 란박시Ranbaxy Laboratories를 약 5조원 규모에 인수합니다. 당시 50개국에 영업 거점을 보유한 란박시의 글로벌 네트워크를 도입하는 것이 인수 목적이었습니다. 또한 2010년 하이브리드 비즈니스 모델을 선언하는데, 선진국에는 다이이찌산쿄의 신약을, 개발도상국에는 란박시의 제네릭을 공급하면서 자사 제품으로 글로벌 판매 및 생산원가 절감까지 하겠다는 전략이었습니다. 하지만 란박시는 FDA 허가를 위해 데이터를 조작했다는 이유로 미국 법무부에서 벌금 납부와 API의약품 원료 공장의 GMP 위반 제재를 받게 됩니다. 2014년 4월 다이이찌산쿄는 결국 란박시를 인도의 제네릭 제약회사 선파마Sun Pharma에 매각하고 맙니다. 란박시 인수는 다이이찌산쿄에게 뼈아픈 실수로 남아 같은 윤리관을 공유하지 않는 회사와는 파트너가 될 수 없다는 것을 깨닫게 해주었습니다.

엔허투의 개발 배경

다이이찌산쿄는 주력 제품 올메살탄Olmesartan의 특허만료 이후 다음 블록버스터로서 에독사반edoxaban에 주목합니다. 당시 항응고제 시장은 표준 치료인 비타민K 의존성 경구용 항응고제 와파린Warfarin과 에독사반과 같은 비타민K 비의존성 경구용 항응고제로 양분되어 있었습니다. 에독사반은 2015년 1월 FDA의 허가를 받지만 크레아티닌 청소율이 95ml/min 이상인 환자에서는 약효가 떨어진다는 경고문이 있었습니다. 신장기능이 좋은 환자들의 경우 에독사반이 신장으로 50~60% 배출되기 때문인 것으로 추정되었습니다. 차기 블록버스터로 기대되었던 에독사반의 결과는 실망스러웠습니다. 다이이찌산쿄는 신중하게 다음 성장 동력을 모색합니다.

2016년 3월 다이이찌산쿄는 향후 10년을 준비하는 '2025 VISION'을 선언하면서 2025년까지 항암제 개발 전문 제약회사를 목표로 내세웁니다. 그동안 고혈압 치료제인 올메살탄, 항응고제인 에독사반과 같은 만성 치료제를 주력으로 했다면, 이제 표준치료를 바꿀 수 있는 혁신적인 항암제 전문의약품을 중심으로 사업 전략을 전환한 것입니다. 이와 같은 결정에는 여러 이유가 있었습니다. 다이이찌산쿄의 'Value Report 2016'에 의하면, 일본의 사망 원인 중 1위는 암이었습니다. 암으로 인한 사망 건수가 해마다 증가해 2014년에는 일본 인구 10만명당 300명이 암으로 사망했습니다. 또한, 2014년 기준 전 세계적으로 가장 많이 팔린 처방약은 항암제였습니다. 항암제는 이미 연간 9.5조엔 정도로 시장이 큰 데다 항암치료 이후 재발하는 환자들이 많아서 미충족 수요가 큰, 성장성이 높은 분야로 전망되었습니다. 당시 판매하고 있었던 순환기 및 대사 치료제들의 판매가 기대에 미치지 못한 것도 항암제로 전환한 이유 중 하나였습니다.

DS-8201에 대한 ADC항체약물결합체 연구는 언제부터 시작되었을까요? 유키 아베와 토시노리 아가츠마는 현재 다이이찌산쿄의 암

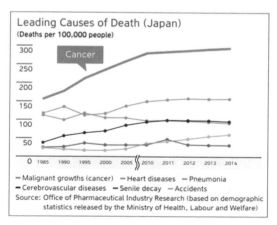

Leading Causes of Death (Japan)
(Deaths per 100,000 people)

- Malignant growths (cancer) — Heart diseases — Pneumonia
- Cerebrovascular diseases — Senile decay — Accidents
Source: Office of Pharmaceutical Industry Research (based on demographic statistics released by the Ministry of Health, Labour and Welfare)

일본의 사망 원인 1위는 암, 암으로 인한 사망 건수가 해마다 증가해 2014년에는 일본 인구 10만 명당 300명이 암으로 사망(출처: Daiichi Sankyo Group Value Report 2016)

Worldwide Trends by Therapeutic Area (2014)

Rank	Therapeutic Area	Worldwide Prescription Drug & OTC Sales	2014 Sales (Billions of yen)	Growth Rate*
1	Oncology		79.2	8%
2	Antirheumatics		48.8	8%
3	Antivirals		43.1	55%
4	Antidiabetics		41.4	8%
5	Bronchodilators		32.5	0%
6	Antihypertensives		30.5	-9%

Source: "World Preview 2015, Outlook to 2020", EvaluatePharma®
* Growth rates represent growth from 2013.

2014년 기준 전 세계적으로 가장 많이 팔리는 처방약은 항암제(출처: Daiichi Sankyo Group Value Report 2016)

연구소 부장입니다. 토시노리 아가츠마는 다이이찌와 산쿄의 통합 전인 2007년 산쿄에서 프로젝트 리더로서 근무하던 중 R&D 경영 진에게 항체 치료제 연구를 강화할 것을 제안했다고 합니다. 그렇게 그를 포함한 4명의 ADC 연구팀이 시작되었습니다. 합병 이후에는 도쿄의 여러 연구소에서 ADC 연구진을 모집하고 연구 미팅을 진행했습니다. 고유의 ADC 플랫폼을 개발한다는 목표를 갖고 모두가 열정적으로 연구에 임했습니다. 유키 아베는 2010년 ADC 연구팀에 합류했습니다. 합류하기 전 그는 질병의 진행 과정을 되돌리는 혁신적인 심장병 치료제를 개발 중이었지만 결과가 불만족스러웠습니다. 유키 아베는 ADC 연구팀에 합류한 것이 커리어의 전환점이었다고 회상합니다.

ADC는 항체, 링커, 약물 등 여러 기술이 필요해 다양한 부서에서 연구진을 모집했습니다. 26명의 사람들이 ADC 연구팀에 모였고 모두 하나같이 ADC 신약 개발에 열정적이었습니다. 결과를 얻기 위해 팀원들끼리 강하게 대립하는 경우도 있었다고 합니다. 하지

유키 아베(왼쪽)와 토시노리 아가츠마(오른쪽) (출처: 다이이찌산쿄 홈페이지)

만 솔직한 대화를 통해 서로에 대해 이해하고 존중하면서 목표를 향해 나아갔습니다.

그러던 중 ADC 연구를 크게 촉진시킨 한 가지 재발견의 성과를 이루게 됩니다. 다이이찌와 산쿄 통합 전, 다이이찌는 다른 제약회사와 함께 저분자화합물 화학항암제 DX-8951을 개발한 적이 있었습니다. 이 약물은 국소이성화효소 억제제topoisomerase inhibitor로서 캄프토테신Camptothecin의 유도체인 엑사테칸Exatecan인데, 세포독성이 너무 강해 임상3상을 중지한 바 있습니다. ADC 연구진은 ADC의 약물인 DXdDX-8951 derivative로 활용될 수 있는 잠재력을 알아보았습니다. 또한 다이이찌가 개발하다 임상1상을 중지했던 다른 캄프토테신 유도체인 DE-310은 효소로 절단되는 링커가 있었는데, 이는 ADC의 링커로 활용하기에 안성맞춤이었습니다. 연구

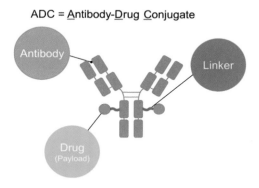

ADC는 항체, 링커, 약물로 구성된 복합체로서 암에 노출된 항원에 결합하여 암세포 내부로 들어가 약물을 방출(출처: 다이이찌산쿄 IR 자료)

진은 2000년대 초반 다이이찌의 항암제 연구인 DX-8951과 DE-310에 기반해 링커와 약물 라이브러리를 생성한 다음 가장 적합한 조합을 골랐습니다. 항체는 미국에서 2019년 6월 특허가 만료된 로슈Roche의 허셉틴Herceptin을 사용했습니다. HER2를 타깃하는 항체, DXd 약물, 링커 이 3가지 조합으로 구성된 ADC인 DS-8201은 이렇게 탄생했습니다. 기업의 오래된 노하우를 재발견한 이른바 '레트로' 기술이 엔허투ENHERTU 개발에 중요한 역할을 한 것입니다.

'2025 VISION'의 핵심 내용 중 하나는 개발 중인 항암제 파이프라인 중 후기 임상 파이프라인은 신약승인을 받고, 초기 임상 파이프라인은 임상개발을 가속화하는 것입니다. 2016년 당시 개발 중인 항암제는 임상2상 중인 항체치료제 파트리투맙Patritumab과 임상3상 중인 저분자화합물 퀴자티닙Quizartinib, 펙시다티닙Pexidartinib, 티반티닙Tivantinib이 있었습니다. 엔허투는 당시 DS-8201이라는 이름으로 임상1상 중인 초기 파이프라인 중 하나였습니다.

미국 다이이찌산쿄의 CEO 켄 켈러Ken Keller는 ADC의 개념이 수십년 동안 존재했다고 말합니다. 2000년 ADC 치료제가 처음으로 출시되었고 그 후 2015년까지 많은 ADC 후보물질이 개발되었지만, 대부분은 기대했던 성과를 얻지 못했습니다. 2016년 당시 ADC에 대한 사람들의 관심과 열정은 이미 식은 상황이었습니다. 그럼에도 불구하고 다이이찌산쿄가 ADC 연구를 꾸준히 지속한 것은 ADC 연구팀이 개발한 새로운 ADC 기술에 대한 경영진의 믿음이 있었기 때문입니다. 엔허투는 기존 ADC와는 전혀 다른 성질을 가진 링커와 약물로 구성되었기 때문에 기존에 실패한 ADC에 대한 회의감을 이겨낼 수 있다는 기대감이 컸습니다. 특히, 다이이찌산쿄의 경영진들이 2016년 미국임상종양학회ASCO에서 엔허투의 뛰어난 임상1상 데이터를 확인하면서 엔허투의 가능성에 대해 전적으로 믿게 되었다고 합니다. 기존 ADC들이 쥐 모델에 대한 전임상데이터는 좋았지만 임상1상 및 임상2상에서 실패했기 때문에 엔허투의 임상1상 데이터는 매우 중요했습니다. 한마디로 ADC가 특별한 것이 아니라 엔허투가 특별했던 것입니다. 엔허투는 이전 ADC와는 차별화되는 차세대 ADC였습니다.

엔허투의 경쟁력

2016년 당시에는 로슈Roche의 자회사 제넨텍Genentech의 HER2 양성 전이성 유방암 ADC 치료제인 캐싸일라Kadcyla가 판매되고 있었습니다. 캐싸일라는 임상3상에서 기존 치료제(lapatinib+capecitabine)보다 전체생존율OS을 6개월 증가시켰고(30.9월 vs 25.1월), 무진행생존기간PFS을 3개월 증가시켰습니다.(9.6월 vs 6.4월) 객관적반응률ORR은 43.6%였습니다. 즉, 절반 이상의 HER2 양성 전이성 유방암 환자는 캐싸일라에 반응하지 않았고, HER2 음성 전이성 유방암 환자는 더 이상의 치료 옵션이 없어 미충족 수요가 매우 큰 상황이었습니다.

　DS-8201의 약효는 전임상부터 뛰어났습니다. HER2 양성 KPL-4 세포와 HER2 음성 MDA-MB-468 세포를 공동배양하는 인비트로in vitro 전임상 실험에서 DS-8201은 두 종양세포를 모두 죽였습니다. 하지만 캐싸일라는 그러지 못했습니다. 또한 HER2 양성 NCI-N87 세포와 HER2 음성 MDA-MB-468-Luc 세포의 혼합물을 쥐에 주입한 인비보in vivo 전임상 실험에서 DS-8201은 종양을 억제한 반면, 캐싸일라는 효능이 없었습니다. 이 같은 DS-8201의 우수한 전임상 결과가 2016년 3월 '2025 VISION'에서 항암제 전문 기업으로의 전환을 선포하는 데 영향을 주었을 것으로

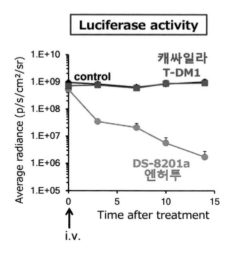

HER2 양성 NCI-N87 세포와 HER2 음성 MDA-MB-468-Luc 세포의 혼합물을 쥐에 주입한 인비보 (in vivo) 전임상 실험에서 DS-8201은 종양을 억제했지만 캐싸일라는 효능이 없었음(출처: 다이이찌산 쿄 IR 자료)

생각됩니다.

2016년 10월 유럽종양학회ESMO에서 HER2 양성 유방암 및 위암 환자 20명에 대한 DS-8201의 안전성을 평가하는 임상1상 Part1 결과에서 내약성이 입증되었고 용량 제한 독성은 없었습니다. 객관적반응률ORR은 35%, 질병통제율DCR은 90%였습니다. 특히, 캐싸일라 치료 경험이 최소 한 번 있는 HER2 양성 유방암 환자 12명의 경우, 객관적반응률은 42%, 질병통제율은 92%였습니다. DS-8201의 임상시험을 주도한 의사인 켄지 타무라는 캐싸일라를 포함한 항 HER2 치료 경험이 많은 환자들임에도 불구하고 DS-8201이 치료 효과를 보인다는 점은 인상적이라고 평가했습니다.

2019년 12월 엔허투는 FDA 허가를 받은 데 이어 2020년 3월 일본에서 패스트트랙으로 판매 허가를 받았습니다. 일반적으로 임상 시작부터 FDA 허가까지는 8년에서 10년이 걸리기 마련입니다. 그런데 엔허투는 임상을 시작한 지 4년 3개월 만에 FDA 허가를 받았습니다. 그만큼 약물이 혁신적이라는 의미입니다. 2019년 8월 1일, 2회 이상 치료 경험이 있는 HER2 양성 전이성 유방암 환자 184명에 대한 엔허투의 유효성과 안정성을 평가하는 임상2상 (DESTINY-Breast01)이 발표되었습니다. 임상2상 결과는 객관적반응률 60.3%, 반응지속시간DOR 14.8개월이었습니다. 뛰어난 임상2상 결과만을 보고 임상3상을 건너뛰고 가속 승인을 받은 것입니다. 2016년 발표한 '2025 VISION'의 초기 항암제 파이프라인의 임상 가속화 전략이 현실화되는 순간입니다.

자신감을 얻은 다이이찌산쿄는 2022년 7월 엔허투와 캐싸일라의 약효를 직접 비교하는 임상3상(DESTINY-Breast03)에서 엔허투 무진행생존기간 중간값mPFS 28.8개월, 캐싸일라 6.8개월이라는 데이터를 확보합니다. 엔허투가 캐싸일라에 비해 약효가 월등히 뛰어나다는 것을 일대일로 비교하여 입증한 것입니다. 엔허투는 왜 캐싸일라에 비해 약효가 좋았을까요? 그 비결은 약물의 구조에서 찾을 수 있습니다.

바이스탠더 효과bystander effect란 ADC의 약물이 암세포 내부에서 방출되어 그 암세포를 죽이고 세포막을 통과해 주위의 암세포까지 죽이는 과정을 의미합니다. 약물이 확산되어 복잡한 종양 미세환경에 있는 여러 종류의 암세포를 한꺼번에 죽이는 원리입니다. 바이스탠더 효과가 있으면 항원 양성 종양세포뿐만 아니라 주위에 있는 항원 음성 종양세포까지 사멸시키므로 불균일 종양조직에도 약효가 뛰어나다는 장점이 있습니다. DS-8201의 링커가 세포 내부에 있는 리소좀 효소에 의해 절단되어 방출된 약물인 DXd는 소수성이어서 세포막 투과성이 높아 바이스탠더 효과가 나타나게 됩니다. 캐싸일라의 링커는 비절단형이고 약물인 DM1은 세포막 투과성이 낮아 바이스탠더 효과가 없는 것과 대비됩니다. 또한 DS-8201 링커가 안정적이어서 암세포에 도달하기 전에 링커가 절단되어 부작용이 발생하고 약효가 감소하는 것을 최소화할 수 있습니다.

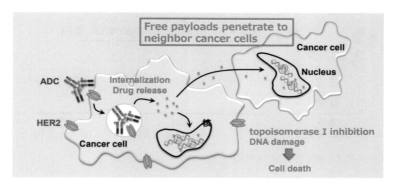
엔허투의 바이스탠더 효과(출처: 다이이찌산쿄 IR 자료)

    나아가 DS-8201은 친수성인 에테르기와 케톤기가 있어서 링커의 소수성을 감소시킵니다. 약물인 DXd와 링커의 소수성 상호작용이 덜해 응집체 생성을 방지, 약물항체비율drug to antibody ratio을 8까지 높일 수 있었습니다. 캐싸일라는 항체 하나에 약물이 3.5개 결합하지만, DS-8201은 항체 하나에 약물이 8개나 달려 있어 치료 효과가 크기 때문에 HER2 저발현 환자에 대한 적응증 확장도 가능했습니다.

    덕분에 엔허투는 2022년 4월 27일 HER2 저발현 환자에 대해 미국에서 혁신 신약 지정을 받고 2022년 8월 6일 최초로 HER2 저발현 환자에 대해 FDA 허가를 받습니다.

    엔허투는 best-in-class HER2 양성 항암치료제로서 메가블록버스터로 성장하고 있습니다. 2023년 기준 엔허투 매출액은 3,274억엔으로 다이이찌산쿄의 총 매출액 1조6천억엔 중 20%를

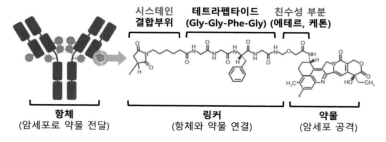

친수성 부분
시스테인
결합부위 (Gly-Gly-Phe-Gly) (에테르, 케톤)

테트라펩타이드 친수성 부분

항체
(암세포로 약물 전달)

링커
(항체와 약물 연결)

약물
(암세포 공격)

엔허투의 구조(출처: 다이이찌산쿄 IR 자료 참조, 임플바이오리서치 가공)

차지합니다. 다이이찌산쿄는 매출액 중 20%를 R&D에 투자하고 있으며 현재 항암제 분야에서 53개의 파이프라인을 진행하고 있습니다. 이 중 엔허투의 적응증 확장만 무려 16개입니다. 다이이찌산쿄의 후속 ADC 파이프라인은 DXd 약물을 활용한 엔허투, Dato-DXd, HER3-DXd, I-DXd, R-DXd입니다. 이 5개의 DXd ADC들은 모두 동일한 링커와 약물로 구성되어 있고 항체만 다릅니다. 예를 들어 엔허투의 항체는 HER2, Dato-DXd의 항체는 TROP2, HER3-DXd의 항체는 HER3 수용체를 타깃합니다. 다이이찌산쿄의 ADC 플랫폼 기술을 이용한 신규 약물 발굴과 적응증 확장을 통해 다음 블록버스터를 개발하는 것입니다.

다이이찌산쿄의 R&D 비용 동향을 살펴보면 2016~2018년 차세대 주력 제품인 에독사반의 매출 부진의 영향을 받아 연구개발비의 절대금액이 줄어듭니다. 그러다 2019년 엔허투가 판매되면서 다시 급증하는 모습이 나타납니다. ADC 엔허투에서 가능성을 확인한 경영진이 차세대 성장동력으로 ADC 파이프라인 확장에 집중한 것이 이유입니다. 다양한 기술이 접목된 플랫폼 기술의 우월성과 기전에 대한 경영진의 충분한 이해, 그리고 자산의 전략적 배분이 빅바이오텍으로 성장하는 원동력으로 작용합니다.

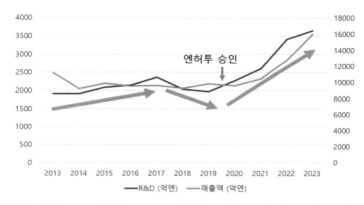

다이이찌산쿄의 R&D 비용 동향 | 2016~2018년 차세대 주력 제품인 에독사반의 매출 부진의 영향을 받아 연구개발비 절대금액이 줄어들다가 2019년 엔허투가 판매되면서 다시 급증(출처: 임플바이오리서치)

라마 항체기술의 강자, 아젠엑스

아젠엑스argenx SE는 팀 반 하우어미렌Tim Van Hauwermeiren, 한스 드 하르드Hans de Haard, 토르스텐 드라이어Torsten Dreier 등 3명의 공동창업자에 의해 2008년 네덜란드 브레다Breda에서 설립되었습니다.

팀은 겐트 대학교Ghent University에서 생명공학과 학사 및 석사를 취득하고 블레릭 경영대학원Vlerick School of Management에서 경영자 MBA를 취득했습니다. 하지만 그가 처음부터 제약업계에서 커리어를 시작한 것은 아니었습니다. 아젠엑스를 공동 창립하기 전 팀은 P&GProcter&Gamble에서 R&D부서 총괄을 담당했고 2018년에 사노피로 6조원에 인수된 아브린스Ablynx에서 5년간 수석 비즈니스 개발 임원으로 일했습니다. 팀은 항상 기업의 경영자를 꿈꿔왔다고

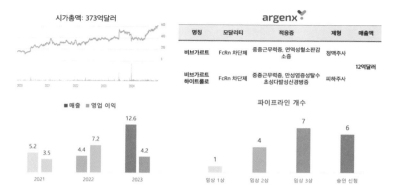

시가총액: 373억달러

명칭	모달리티	적응증	제형	매출액
비브가르트	FcRn 차단제	중증근무력증, 면역성혈소판감소증	정맥주사	12억달러
비브가르트 하이트룰로	FcRn 차단제	중증근무력증, 만성염증성탈수초성다발성신경병증	피하주사	

■ 매출 ■ 영업 이익

2021: 5.2 / 3.5
2022: 7.2 / 4.4
2023: 12.6 / 4.2

파이프라인 개수

임상 1상: 1, 임상 2상: 4, 임상 3상: 7, 승인 신청: 6

아젠엑스의 현황(출처: Seeking Alpha, 임플바이오리서치)

팀 반 하우어미렌(왼쪽), 한스 드 하르드(가운데), 토르스텐 드라이어(오른쪽) (출처: 아젠엑스, 아고맵)

합니다. P&G나 아브린스 시절을 회상할 때면 그는 항상 회사의 경영자와 가까이 있고 싶었다고 말합니다. 그가 블레릭 경영대학원에서 경영자 MBA 과정을 거친 것도 경영자가 되고 싶었기 때문입니다.

아젠엑스의 창립은 재밌게도 라마로부터 시작됩니다. 아브린스에서 근무하던 시기에 팀은 아젠엑스의 다른 공동창립자인 한스와 토르스텐을 만나게 됩니다. 한스는 자신이 아브린스에 오기 전 1998년 유니레버Unilever에서 라마 항체조각 기반 제품들을 개발한 경험을 팀과 토르스텐에게 공유합니다. 한스는 라마와 같은 낙타류 동물들은 일반 항체보다 더 간단한 구조를 갖고 있어 항체조각을 만들기 용이하다는 사실을 발견했습니다. 이와 같은 특성 때문에 라마 항체는 유니레버에서 VHH 나노바디 약물발굴 플랫폼으로 활용되고 있었습니다. 아브린스에서 팀은 한스로부터 라마 항체 기술을 전해 듣고 라마 항체를 인간화한 새로운 인간 항체 기술을 기반으로 신약을 개발하는 사업 아이디어를 구상합니다.

낙타과 포유류 라마의 모습(출처: Pixabay)

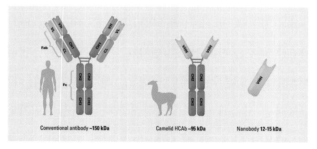

인간 항체(왼쪽), 라마 항체(가운데), 라마 항체조각 나노바디(오른쪽) (출처: Natalya Ortolano, Ashleigh Campsell)

5년 후 10배 오를 바이오 기업에 투자하라

인간 항체는 동물 항체와 달리 인간에게 면역원성이 없어서 항체 약물로는 인간 항체가 더 적합합니다. 팀은 당시 인간 항체를 생산하는 것은 매우 어려웠고 소수의 제약회사들이 인간 항체 생산 기술을 독점하고 있었다고 설명합니다. 하지만 라마 항체는 인간 항체와 염기서열이 90% 정도로 유사해 인간화 과정이 용이했습니다. 아젠엑스는 지금까지도 프랑스에 있는 라마 농장에서 제공받은 라마 항체를 인간화하여 신약개발에 사용합니다. 아젠엑스가 사용하는 라마들은 항체를 공급하는 기간 동안 농장에서 정상적으로 살다가 은퇴한 후에는 자연으로 돌아간다고 합니다. 아젠엑스의 핵심 기술력은 바로 라마 항체라고 볼 수 있습니다.

라마 특유의 면역계는 실험용 쥐 같은 다른 동물보다 더 다양한

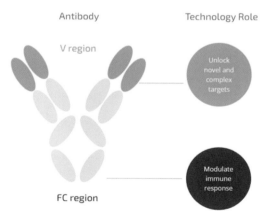

아젠엑스의 라마 항체 기술, 가변 부위는 항체로 Fc 부위는 면역조절제로 사용(출처: 아젠엑스 홈페이지)

항체를 만들 수 있습니다. 팀은 일라이릴리Eli Lilly가 아젠엑스의 플랫폼으로 생산되는 항체의 다양성에 놀랐다고 말합니다. 아젠엑스는 창립 초기 일라이릴리와 함께 항체 기술을 평가하는 파일럿 프로그램에 참여한 적이 있습니다. 일라이릴리는 아젠엑스에게 2년 안에 특정 항원의 에피토프epitope를 타깃하는 항체 1개를 개발해달라고 의뢰했는데, 아젠엑스가 6개월 만에 항체 12개를 만들어내 릴리를 놀라게 만들었습니다. 라마 면역계의 다양성을 기반으로 한 아젠엑스의 독자적인 플랫폼 기술의 우수성을 빅파마로부터 인정받았던 것입니다.

이처럼 아젠엑스의 초기 비즈니스 모델은 다른 회사로부터 어려운 타깃과 결합하는 항체 개발을 의뢰받고 아젠엑스의 항체 플랫폼으로 항체 후보를 개발해 제공하는 것이었습니다. 그러나 아젠엑스의 투자자들은 단순히 다른 회사가 요구하는 항체를 개발해주기보다는 아젠엑스가 스스로 신약 개발을 한다면 장기적으로 투자할 의향이 있다는 뜻을 비쳤습니다. 이를 계기로 아젠엑스는 자체 신약을 개발하는 R&D 바이오텍으로 전환하게 됩니다.

아젠엑스의 회사명은 전설적인 영웅들인 이아손Iason과 50명의 아르고선 대원Argonaut들이 금빛 양털golden fleece을 구하러 모험을 떠나는 그리스 신화에서 유래되었습니다. 대원들의 협업과 개인의 독특한 방식이 결합해 불가능한 것처럼 보이는 목표를 함께 달성하는 이야기입니다.

금빛 양을 보는 이아손과 50명의 아르고선 대원들(출처: ChatGPT)

팀은 1인 영웅을 믿지 않습니다. 기업가는 공동체 의식이 필요하다고 말합니다. 1명의 기업가가 무에서 유를 창조하는 것은 매우 외롭고 힘든 과정입니다. 특히나 요즘같이 빠르고 복잡하게 변화하는 세상에서는 더욱 그렇습니다. 서로에게 의존하면서 서로의 약점을 보완하는 공동체를 이길 수 있는 것은 없습니다. 팀은 한스와 토르스텐이 아브린스에서 자신과 함께 6년 동안 일하면서 연대 의식이 생겼다고 말합니다. 함께 있으면 성공할 수 있고 힘든 시기를 견뎌낼 수 있다는 것을 서로 알았던 것입니다. 그는 이 같은 공동창업자라는 공동체가 있었기 때문에 그 어떤 자금과 비즈니스 계획 없이, 단지 항체 플랫폼 기술만 있었던 시절에도 투자자들로부터 펀딩을 받을 수 있었다고 회고합니다.

아젠엑스의 빅바이오텍 여정이 순탄치만은 않았습니다. 팀은 흔히 말하는 죽을 고비를 여러 번 넘겼다고 고백합니다. 회사를 창립한 2008년과 2009년엔 미국의 금융위기 때문에 투자금을 받는 것이 거의 불가능했습니다.

한 번은 자금을 구하기 위해 이리저리 뛰어 다녔지만 모두 거절당하고 집으로 돌아간 적이 있습니다. 택시비를 아끼기 위해 한스와 함께 폭우를 맞으며 집까지 걸어갔습니다. 팀의 집에 도착해 그의 아내가 오늘 일이 어떻게 되었냐고 묻자, 한스가 팀이 오늘 엄청 잘했고 투자도 거의 성사될 것 같다고 말해준 적도 있다고 합니다.

시리즈A 파이낸싱 라운드가 끝났을 때 아젠엑스는 자금이 거의 없어 파산 직전 상태였습니다. 그때 마침 오비메드OrbiMed라는 미국 투자회사가 백기사처럼 나타나 아젠엑스를 적극적으로 지원하면서 신약개발까지 권유했습니다. 덕분에 아젠엑스는 비브가르트중증근무력증VYVGART 임상을 진행할 수 있었습니다. 이후 2016년과 2017년 또 한 번 자금이 바닥나자 팀은 펀딩을 구하러 외롭게 유럽의 여러 투자처를 돌아다녔습니다. 하지만 모두 헛수고였습니다. 아무리 유망한 파이프라인을 갖고 있다 하더라도 손실뿐인 신약개발 바이오텍이 당시 보수적인 유럽의 투자문화 속에서 자금을 구하기란 쉽지 않았습니다.

모든 것을 포기하고 회사의 파산을 준비하던 어느 날 팀은 한 투자자로부터 저녁식사 초대를 받았습니다. 그 투자자는 식사 끝에 지분 10%를 받는 대가로 아낌없이 투자하겠다는 파격적인 제안을 했습니다. 구사일생으로 회생한 아젠엑스는 2018년 비브가르트중증근무력증 임상3상을 시작할 수 있는 기회를 얻게 됩니다. 그는 힘든 시기를 겪으면 겸손에 대해 배운다고 말합니다. 그의 실력과 열정을 알아본 과감한 투자자 덕분에 아젠엑스는 신약개발 임상을 이어올 수 있었습니다. 지금도 아젠엑스의 핵심 가치 중 하나가 바로 겸손함Humility 입니다.

자가면역질환 환자는 B세포에서 생산되는 IgG 항체가 환자 자신의 세포를 공격해서 발생합니다. 이 IgG 항체들은 FcRn 수용체에 결합하여 리소좀에서 분해되지 않고 재활용됩니다. IgG로 인한 자가면역질환은 모두 FcRn 재활용 기전을 공유합니다. 비브가르트는 FcRn에 결합하여 IgG 항체가 재활용되지 않고 리소좀에서 분해되도록 하여 혈중 IgG 농도를 낮춰서 중증근무력증을 비롯한 여러 자가면역질환을 치료합니다. 비브가르트라는 하나의 약물로 다양한 IgG 자가면역질환 적응증을 확장하여 여러 파이프라인을 개발할 수 있는 이유입니다.

중증근무력증gMG은 항-AChR 항체가 아세틸콜린 수용체AChR에 결합하여 아세틸콜린ACh의 결합을 방해하는 일종의 자가면역질환입니다. 중증근무력증 환자는 신경-근육 신호전달이 저해되어 여러 근육 운동에 문제가 발생합니다.

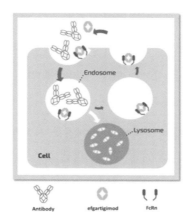

자가면역 질환의 원인인 자가 항체 IgG는 FcRn과 결합해 재활용 경로를 통해 IgG의 리소좀 분해를 방지, FcRn 억제제인 efgartigimod는 FcRn에 먼저 결합해 IgG가 FcRn에 결합하는 것을 방지하여 분해하는 기전(출처: 아젠엑스 IR 자료)

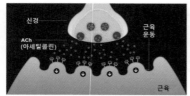
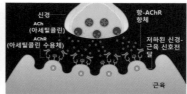

신경에서 아세틸콜린이 분비되어 근육의 아세틸콜린 수용체(AChR)에 결합하여 근육 운동(왼쪽), 중증근무력증(gMG)은 항-AChR 항체가 아세틸콜린 수용체(AChR)에 결합하여 아세틸콜린(ACh)의 결합을 방해하는 일종의 자가면역질환신경-근육 신호전달 저해되어 여러 근육 운동에 문제 발생(오른쪽)(출처: 아젠엑스 홈페이지)

기존 중증근무력증 치료제인 면역글로불린 주사IVIg는 중증근무력증의 증상을 완전히 해결하지 못해 미충족 수요가 컸습니다. 면역글로불린 주사는 치료 환자군이 제한적이고, 건강한 공여자의 혈액으로부터 정제한 항체를 사용하기 때문에 공급이 원활하지 않으며,

특히 중증근무력증 악화가 임박한 환자들에게는 면역글로불린 주사가 별다른 치료 효과를 나타내지 못한다는 문제점을 내포하고 있습니다.

아젠엑스는 신약개발 과정에서 가장 중요한 임상이라고 평가할 수 있는 중증근무력증 환자 총 24명을 대상으로 진행한 비브가르트의 안전성 등을 평가하는 다기관, 무작위배정, 이중맹검, 위약대조 임상2상 결과에서 SAE 및 사망환자가 없다고 발표했습니다. 2차 유효성평가지표인 중증근무력증-일상생활활동점수MG-ADL가 2점 이상 개선된 상태가 6주 이상 지속된 환자들의 비율은 치료군과 위약군의 경우 각각 75%, 25%였습니다.(p=0.0391) 면역글로불린과 달리 대량 생산이 가능한 바이오 의약품으로서 FcRn이라는 새로운 기전으로 임상2상 단계에서 안전성이 뛰어나며 유의한 치료 효과를 보여주어 블록버스터로서의 가능성을 증명했습니다. 2021년 7월 항 아세틸콜린수용체AChR 항체 양성 중증근무력증 환자에 대한 비브가르트의 유효성 및 안전성을 평가하는 임상3상(ADAPT)에서 중증근무력증-일상생활활동점수MG-ADL가 2점 이상 개선된 상태가 4주 이상 지속된 환자들의 비율은 치료군과 위약군의 경우 각각 68%, 30%였습니다.(p<0.0001)

비브가르트의 부작용은 대부분 경증 또는 중등증이었고 부작용으로 인한 임상중단 비율은 4%에 불과했습니다. 참고로 항 아세틸콜린수용체AChR 항체 양성인 중증근무력증 환자는 전체 중증근무

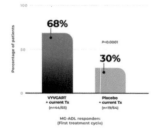
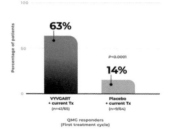

중증근무력증-일상생활활동점수(왼쪽), 정량적 중증근무력증 점수(오른쪽) | 항AChR 항체 양성 중증근무력증 환자대상 비브가르트 임상3상 결과 중증근무력증-일상생활활동점수(MG-ADL)가 2점 이상 감소한 상태가 4주 이상 지속된 환자 비율 68% vs 30%, 정량적 중증근무력증점수(QMG)가 3점 이상 감소 환자비율 63% vs 14%(근육기능 개선)(출처: 비브가르트 제품 홈페이지)

력증 환자의 85%를 차지합니다. 이러한 임상결과를 인정받아 비브가르트는 2021년 12월 17일 최초이자 유일한 FcRn 차단제로서 FDA 허가를 받습니다. 2022년 비브가르트의 매출은 4억달러였고, 2023년 비브가르트와 비브가르트 SC피하주사제형의 매출은 11.9억 달러로 빠른 성장을 보였습니다. 탁월한 임상결과에 근거해 출시 1년 만에 블록버스터로 성장하는 놀라운 성과를 나타낸 것입니다.

이후 중증근무력증 악화가 임박IMC한 환자들에 대한 임상연구에서 비브가르트는 기존 면역글로불린 주사보다 중증근무력증–일상생활활동점수MG-A이를 3.67 더 감소시키고 중증근무력증 평가 척도MGC를 7.76 더 감소시켜 비브가르트가 기존 면역글로불린 주사보다 약효가 더 뛰어남을 입증했습니다.

팀은 아젠엑스를 창립하고 성장시킨 공로를 인정받아 벨기에의 블레릭 비즈니스스쿨에서 MBA를 취득한 지 15년 만에 블레릭 엔

비브가르트의 분기별 매출(출처: Seeking Alpha)

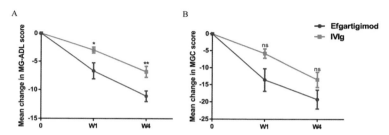

중증근무력증 악화가 임박(IMC)한 환자들에 대한 임상연구에서 비브가르트는 기존 면역글로불린 주사보다 중증근무력증-일상생활활동점수(MG-ADL)를 3.67 더 감소시키고 중증근무력증 평가 척도(MGC)를 7.76 더 감소시켜 비브가르트가 기존 면역글로불린 주사보다 약효가 더 뛰어남을 입증(출처: Sci Rep 14, 28394)

터프라이징 리더상을 수상했습니다. 수상식에서 그는 아젠엑스의 성공 비결에 대해 다음과 같이 이야기했습니다.

2017년 경영진 회의에서 비브가르트의 상업화와 관련해 빅파마와 협업하지 않고 단독으로 개발하고 출시할 것을 결정합니다. 아젠엑스는 작은 바이오텍이었고, 당시는 빅파마와 협업해 신약을 개발하고 제품을 출시하는 것이 일반적이었습니다. 하지만 팀과 경영진은 빅파마와 협업하면 R&D 회사로서 정체성을 잃을 수도 있다고 생각했습니다. 또한 희귀질환의 경우 환자수가 적기 때문에 빅파마의 마케팅 능력보다는 의료진 및 환자와의 소통, 그리고 뛰어난 임상데이터가 훨씬 중요하다고 판단했습니다. 희귀질환 환자들은 환자 커뮤니티를 형성하고 의료업계나 제약업계와 소통하는 특성이 있습니다. 아젠엑스 입장에서는 환자 커뮤니티, 의료진과 소통할 수 있었기 때문에 굳이 빅파마의 마케팅까지 필요하지 않았던 것입니다. 중증근무력증 환자들을 대상으로 하는 DTC소비자 직접광고 캠페인도 이런 소통의 일환입니다.

자가면역질환과 같은 희귀질환일수록 환자와의 소통이 매우 중요하다는 것을 보여주는 예시로 국내 바이오텍에도 시사하는 바가 큽니다.

또한 그는 성공 비결로서 선택지 확보의 중요성을 강조합니다. 세상 모든 일은 계획대로 흘러가지 않고 항상 실패할 가능성이 있습니다. 한 가지 제품 또는 서비스에 한정되어 그것에 의존하는 회사는 매우 위험합니다. 선택지가 여러 개 있으면 하나의 선택이 실패하더라도 다른 선택에 투자하면 됩니다. 겉으로는 성공만 보이지만, 그 속에는 성공만큼이나 많은 실패가 있기 마련입니다. 실패에 대응하는 것은 R&D 회사로서의 숙명이고, 옵션 포트폴리오를 구상하는 것이 불확실성에 대한 가장 좋은 대처입니다. 좋은 임상데이터나

나쁜 임상데이터는 없습니다. 데이터는 그냥 데이터일 뿐입니다. 이 데이터를 기반으로 어떤 선택에 투자하고 어떤 선택을 포기할지 결정하는 것이 더 중요합니다.

아젠엑스는 왜 항암제가 아닌 자가면역질환 치료제를 개발했을까요? 사실 아젠엑스가 지금까지 항암제 개발을 전혀 안 한 것은 아닙니다. ARGX-110 또는 쿠사투주맙cusatuzumab은 급성골수성백혈병 치료제로서 아젠엑스에서 개발 중이던 약물입니다. 2018년 아젠엑스가 쿠사투주맙과 관련해 얀센Janssen과 협업 및 라이선스 계약을 체결할 정도로 기대가 컸는데 아쉽게도 2021년 1월 7일에 발표된 임상2상 중간 결과는 CR 27%로 다소 실망적이었습니다. 결국 2021년 6월 얀센과의 계약은 파기되었고, 2023년 3월 27일 온코베리티OncoVerity에게 쿠사투주맙에 대한 권리를 이전하게 됩니다. 아젠엑스는 최근에도 애브비AbbVie와 ARGX-115 또는 ABBV-151을 면역항암치료제로 개발하고 있습니다. 아젠엑스는 처음부터 희귀질환 치료제만 개발하는 회사가 아니었습니다. 항암제 개발은 항상 아젠엑스의 선택지 중 하나였지만 자가면역치료제 개발이 먼저 성공했을 뿐입니다. 그에 따라 자가면역치료제 파이프라인을 더 확장하고 투자를 더 많이 해 지금은 희귀질환 치료제 개발이 아젠엑스의 정체성이 된 것입니다.

2023년 6월 20일 비브가르트의 피하주사sc 제형인 비브가르트 하이트룰로VYVGART HYTRULO가 FDA의 승인을 받습니다. 기존 제품인 비브가르트는 정맥주사IV 제형이어서 주사 시간이 너무 길었는데, 비브가르트 하이트룰로는 피하주사 제형이어서 10분 이내로 투약할 수 있다는 장점이 있습니다.

아젠엑스는 비브가르트 외에도 엠파시프루바트라는 C2 단백질 스위핑 분자를 개발 중입니다. C2는 보체(활성화되면 면역반응) 연쇄반응에 관여해 자가세포를 파괴하는 단백질입니다. 엠파시프루바트는 C2를 세포 안으로 끌고 들어와 분해시킨 후 자신은 빠져나갑니다. 이 외에도 비브가르트에 알부민 결합체를 추가한 ARGX-213, IgA 스위핑 분자인 ARGX-121을 개발 중입니다. 모두 비브가르트를 응용한 약물이라는 점에서 아젠엑스가 라마 항체 플랫폼으로 개발하고 있는 약물이 다양하다는 것을 알 수 있습니다.

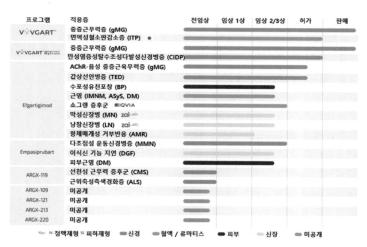

아젠엑스 파이프라인(출처: 아젠엑스 홈페이지)

아젠엑스는 비브가르트 매출액이 증가하면서 2024년 흑자전환이 예상됩니다. R&D 금액을 보면 꾸준히 증가해오다가 비브가르트 상업화 가능성이 뚜렷해지는 2020년 이후 금액 증가 폭이 더욱 커진다는 것을 알 수 있습니다. 2023년 기준 아젠엑스는 매출액의 68%를 R&D 비용으로 투자했고 17개의 임상단계 파이프라인을 개발하고 있습니다. 이 중 비브가르트의 적응증 확장만 11개입니다. 적응증 확장으로 비브가르트의 매출을 증가시키고 멀티블록버스터를 보유한 빅바이오텍으로 성장하는 것이 아젠엑스의 목표입니다.

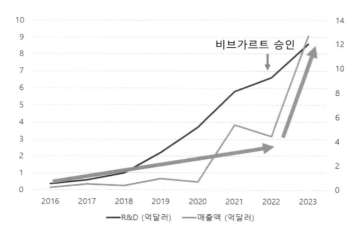

아젠엑스의 R&D 금액은 꾸준히 증가해오다가 비브가르트 상업화 가능성이 뚜렷해지는 2020년 이후 금액 증가 폭이 더욱 커짐(출처: 아젠엑스 IR 자료)

큰 미충족 수요와
획기적 치료 효과의 블록버스터,
그리고 빅바이오텍

지금까지 빅바이오텍으로 성장한 3개 기업의 성공 스토리에 대해 자세하게 살펴보았습니다. 이들은 각자 다른 기술 영역에서 여러 번 폐업의 고비를 극복해내고 결국 블록버스터를 개발했다는 공통점을 갖고 있습니다. 수차례 신약개발을 통해 시행착오를 겪은 후제대로 된 신약을 개발하게 된 버텍스의 사례는 어떤 약을 만들어야 블록버스터가 될 수 있는지 명료하게 답하고 있습니다. 미충족 수요가 큰 분야에서 경쟁사 대비 치료 효과가 월등한 약물을 타사 대비먼저 개발해야 한다는 교훈은 좋은 기업을 골라야 하는 우리 투자자들에게도 시사하는 바가 큽니다. 2025년 국내의 여러 바이오 기업들이 임상3상 결과를 발표합니다. 임상목표를 달성하는 것도 중요하지만 블록버스터로 성장 가능한 약물인지도 살펴봐야 하겠습니다.

블록버스터로 성장하기 위해서는 먼저 미충족 수요가 큰 분야를 공략해야 합니다. 미충족 수요가 크다는 것은 지금까지 누구도 해당 분야에서 좋은 치료제를 만들지 못했다는 것을 의미합니다. 물론 개발하기 어렵기 때문에 미개척 분야로 남아 있는 경우가 대부분입니다. 어려운 만큼 성공한다면 보상도 크고 경쟁사의 진입 위험도 적습니다. 대표적인 사례가 버텍스의 낭(포)성섬유증 치료제입니다. 애브비가 낭(포)성섬유증 임상2상에 실패한 후 연구의 명맥을 이어오다가 후보물질 3개를 시온나Sionna Therapeutics에 일괄 이전한 것이 그나마 버텍스에 대한 의미 있는 도전으로 기록될 뿐입니다. 버텍스가 만든 매우 높은 수준의 치료 효과 허들은 타사가 쉽게 접근할 수 없는 장벽 역할을 합니다.

기존에 승인받은 치료제들이 질병을 효과적으로 치료하지 못하거나 부작용이 심해 더 개선된 치료제의 필요성이 매우 높은 질환일수록 블록버스터의 가능성은 높아집니다. 미충족 수요가 매우 크지만 근본적인 치료법이 없어 대중요법환자의 증상에 따라 대처하는 치료법에 의존하고 있는 경우를 말합니다.

HER2 양성 유방암의 경우 기존 약물인 캐싸일라 치료 후 절반 이상의 환자가 암이 재발하고 추가 치료 옵션이 없어 미충족 수요가 매우 큰 분야였습니다. 엔허투는 임상2상에서 캐싸일라 치료경험이 있는 환자를 대상으로 높은 반응률을 보임으로써 임상2상 결과만으로 가속 승인을 받았습니다.

아젠엑스는 기존 중증근무력증 치료제가 증상을 완전히 해결하지 못해 미충족 수요가 큰 상황에서 FcRn 기전의 비브가르트로 우월한 치료 효과를 나타냄으로써 미충족 수요를 해결합니다.

이렇듯 미충족 수요가 큰 분야에서 치료 효과가 매우 뛰어난 신약이 출시될 경우 메가 블록버스터로 성장할 가능성이 높은데, 버텍스의 트리카프타와 다이이찌산쿄의 엔허투가 여기에 해당됩니다. 2024년 말 기준 트리카프타의 추정 매출액은 100억달러에 육박하고 있으며, 2029년 엔허투는 매출액 100억달러인 메가 블록버스터로 성장할 것으로 전망됩니다

블록버스터가 되기 위한 두 번째 조건은 뛰어난 효능과 적은 부작용입니다. 블록버스터로 성공한 약물들은 미충족 수요가 큰 질환에서 임상1상이나 임상2상 단계부터 뛰어난 약효를 보인다는 특징을 공유합니다. 기존의 흡입 항생제와 점액 용해제가 낭포성섬유증의 증상을 완화할 뿐 근본적인 원인을 치료하지 못해 미충족 수요가 매우 큰 상황, 버텍스의 트리카프타는 염과 물의 흐름을 개선하여 점액의 생성을 방지함으로써 질병의 원인을 근본적으로 치료합니다. 다시 말해, 미충족 수요가 큰 분야에서 획기적인 치료 효과로 환자의 수명을 크게 늘려 메가 블록버스터로 성장했습니다.

엔허투는 기존 ADC 치료제인 캐싸일라와의 약효를 비교하는 임상3상(DESTINY-Breast03)에서 무진행생존기간 중간값이 엔허투 28.8개월, 캐싸일라 6.8개월을 보여 1차치료제 세팅에서 환자의

목숨을 유의미하게 연장시켰습니다. 그뿐만 아니라 기존의 치료제가 전혀 없어 미충족 수요가 매우 큰 HER2 Low 환자에서도 치료 효과를 나타내 적응증을 확장하게 됩니다. 아젠엑스의 비브가르트는 중증근무력증에서 기존 치료제인 IVIg 대비 월등한 치료 효과를 보임으로써 미충족 수요를 만족시킵니다.

살펴본 대로 빅바이오텍 3사는 미충족 수요가 큰 질환에서 뛰어난 약효를 보인 블록버스터를 출시하여 성장의 기반을 마련했습니다. 나아가 블록버스터로 다진 재정적 안정을 지렛대 삼아 적응증을 확장하는 동시에 새로운 약물을 적극적으로 개발해나갑니다. 이렇게 집중적으로 투입된 R&D 노력이 또 다른 블록버스터 출시로 이어지면서 멀티 블록버스터를 보유한 빅바이오텍으로 성장하게 되는 것입니다.

R&D 금액과 관련해 이들 3사는 어려운 환경속에서도 연구비를 지속적으로 늘려왔습니다. 특히 신약을 승인받고 블록버스터로 성장해가는 구간에서 연구비를 확장시키는 모습이 3사 모두 관찰됩니다. 버텍스는 연구개발 자금을 지속적으로 늘려오다가 메가 블록버스터인 트리카프타 판매 이후 R&D 비용 증가에 가속도가 붙고 있습니다. 다이이찌산쿄는 연구비가 단기적으로 감소하다 엔허투를 상업화하는 2019년 이후 R&D 금액이 급격히 증가하는 모습을 볼 수 있습니다. 아젠엑스는 꾸준하게 R&D 금액을 늘려왔는데, 특히 비브가르트의 상업화 가능성에 확신을 갖게 되는 2020년 이후

규모가 더욱 커지고 있습니다.

이번 2장에서 확인한 가장 중요한 핵심 내용은 기술력을 보유한 열정 넘치는 바이오 벤처의 연구진과 이들을 신뢰하는 투자자들이 여러 번의 위기를 극복한 후 블록버스터를 개발하고, 유입되는 대규모 자금을 활용해 공격적으로 적응증과 파이프라인을 확장함으로써 멀티 블록버스터를 보유한 거대한 빅바이오텍으로 성장한다는 것입니다.

이러한 빅바이오텍의 성장 패러다임은 이제 막 날개를 펴려는 국내 신약개발 업체에 많은 시사점을 제공합니다. 특히 블록버스터 확보는 빅바이오텍으로 성장하기 위해 반드시 거쳐야 하는 관문입니다. 블록버스터의 요건에 대해서도 잘 기억해두어야 합니다. 블록버스터를 성공시킨 과정은 모두 다르지만 3사가 성공 사례로부터 얻은 경험과 풍부한 자금이 빅바이오텍으로 성장하기 위한 선순환 흐름을 만들어내고 있다는 점은 틀림없습니다. 그렇게 본다면 빅바이오텍은 곧 블록버스터라고 말해도 좋겠습니다.

Chapter 3

블록버스터 개발이
임박한 빅바이오텍
TOP6

이중항체 플랫폼 기술의 주역, 에이비엘바이오

기업 개요

*2025년 1월 3일 16시 10분 기준

현재주가(원)	31,150
시가총액(억원)	15,000
52주 최고가(원)	43,300
52주 최저가(원)	18,960
주주구성	이상훈 외 30.5%
상장일	2018년 12월

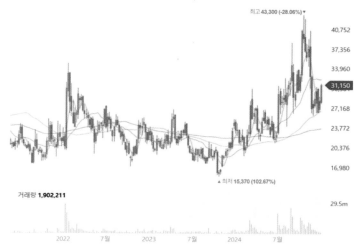

에이비엘바이오의 네이버 증권 차트

면역항암제와 뇌질환 치료제 개발에 주력

에이비엘바이오는 2016년 2월 이상훈 대표가 한화케미칼의 핵심 연구원들과 함께 설립했으며, 이중항체bispecific antibody와 ADC Antibody-Drug Conjugate 기술을 기반으로 면역항암제와 퇴행성뇌질환 치료제 개발에 주력해왔습니다.

주주 구성을 살펴보면, 이상훈 대표 외에 주요 주주들이 약 30.5%를 보유하고 있습니다.

그랩바디 플랫폼 기술

에이비엘바이오는 독자적인 그랩바디Grabody 이중항체 플랫폼

157

을 보유하고 있습니다. 그랩바디 플랫폼은 크게 3가지 핵심 기술로 이루어져 있습니다. 먼저, Grabody-I는 면역관문을 조절하는 기술로 면역세포가 암세포를 보다 효과적으로 공격할 수 있도록 돕는 역할을 합니다. Grabody-T는 면역세포의 4-1BB와 암세포를 연결해 항암 면역반응을 강화하는 기술입니다. 마지막으로 Grabody-B는 혈뇌장벽BBB을 통과할 수 있는 기술로, 뇌질환 치료제 개발에 중요한 돌파구를 제공하고 있습니다.

2022년 1월 에이비엘바이오는 Grabody-B 기술을 활용한 파킨슨병 치료제 ABL301을 사노피에 약 1조2,720억원 규모로 기술이전하며 글로벌 시장에서 기술력을 인정받은 바 있습니다.

보유 기술과 경쟁력

본격화된 이중항체 치료제 성장

이중항체 치료제는 기존 단일 항체 치료제의 한계를 보완하면서 빠르게 성장하고 있는 차세대 모달리티입니다. 2개의 항원을 동시에 타깃할 수 있는 장점 덕분에 최근 몇 년간 시장의 관심이 급증하고 있습니다. 2014년부터 본격적으로 이중항체 치료제가 출시되기 시작했으며, 특히 2022년 이후 FDA 승인이 연달아 이루어지면서 시장은 가파른 성장세를 보이고 있습니다. 글로벌데이터에 따르면, 이중항체 치료제 시장은 연평균 32%로 성장해 2027년에는 약

	제품명	성분명	표적	제약사	FDA 승인	최초 적용증
1	Blincyto 블린사이토	blinatumomab	CD3/CD19	암젠/아스텔라스	2014	전구 B세포 급성 림프구성 백혈병
2	Hemlibra 헴리브라	emacizumab	FIXa/FX	로슈	2017	A형 혈우병
3	Rybrevant 리브리반트	amivantamab	EGFR/cMet	존슨앤존슨	2021	EGFR exon 20 삽입 변이 비소세포폐암
4	Kimmtrak 킴트랙	tebentafusp	GP100/CD3	이뮤노코어	2022	포도막 흑색종
5	Vabysmo 바비스모	faricimab	Ang-2/VEGF-A	로슈	2022	황반변성 및 부종
6	Tecvayli 텍베일리	teclistamab	BCMA/CD3	존슨앤존슨	2022	다발성 골수종
7	Lunsumio 룬수미오	mosunetuzumab	CD3/CD20	로슈	2022	여포성 림프종
8	Epkinly 엡킨리	epcoritamab	CD3/CD20	애브비	2023	거대 B세포 림프종
9	Columvi 콜룸비	glofitamab	CD3/CD20	로슈	2023	거대 B세포 림프종
10	Talvey 탈베이	talquetamab	GPRC5D/CD3	존슨앤존슨	2023	다발성 골수종
11	Elrexfio 엘렉스피오	elranatamab	BCMA/CD3	화이자	2023	다발성 골수종
12	Imdelltra 임델트라	Tarlatamab	DLL3/CD3	암젠	2024	소세포폐암
13	Ziihera 자이어헤라	Zanidatamab	HER2/HER2	재즈/자임웍스	2024	HER2 양성 담도암
14	Bizengri 비젠그리	Zenocutuzumab	HER2/HER3	메루스	2024	NRG1 유전자 융합 변이 췌장선암 및 비소세포폐암

FDA 승인된 이중항체 치료제 목록

190억달러에 이를 것으로 전망하고 있습니다. 현재 승인된 의약품으로는 로슈의 혈우병 치료제 헴리브라 등 혈액암 치료제가 주류를 이루고 있습니다. 비소세포폐암과 황반변성 등 고형암을 대상으로 한 이중항체 파이프라인도 점차 늘어나고 있는 추세입니다.

이중항체와 BBB 셔틀: Grabody-B의 혁신

바이오 분야에서 항체는 Y자 형태를 이루고 있는데, 'Y'의 양쪽 팔 끝부분이 각각 다른 항원과 결합하는 자리라고 보면 됩니다. 보통 단일항체mAb는 1가지 표적 항원에 특이적으로 결합하지만, 이중항체bispecific antibody는 서로 다른 2개의 표적과 동시에 결합하는 특징을 갖고 있습니다. 즉, 하나의 항체가 두 종류의 항원암세포 표면 단백질 또는 병리적 단백질 등과 결합하는 능력을 갖고 있는 것입니다.

예를 들어 에이비엘바이오가 보유한 Grabody-B 기술은 혈뇌장벽을 통과할 수 있도록 설계된 플랫폼인데, 뇌는 혈관과 뇌조직

사이에 '문지기' 역할을 하는 BBB라는 장벽이 있어 일반적인 약물이나 항체가 침투하기 어렵습니다. 하지만 Grabody-B를 활용한 이중항체는 한쪽 결합 부위로 BBB 통과를 돕는 수용체에 붙어 마치 '셔틀'처럼 뇌 속으로 들어갈 수 있고, 뇌 안에 들어온 뒤에는 다른 결합 부위를 활용해 아밀로이드 베타amyloid-beta와 같은 단백질 덩어리 등의 질환을 유발하는 표적에 달라붙어 제거하는 역할을 하게 됩니다.

이중항체 기술은 혈액암 영역에서 먼저 활용되었지만, 앞으로 고형암(예: 뇌종양)이나 기타 퇴행성뇌질환(예: 파킨슨병, 알츠하이머병 등) 분야로 점차 확대되는 추세입니다. 다음 〈그림〉을 참고하면서 이중항체의 구조와 기능을 한번 머릿속에 그려두면, 나중에 다양한 치료

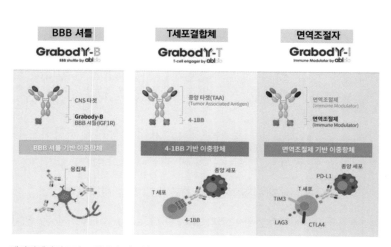

에이비엘바이오의 그랩바디 이중항체 플랫폼 기술

제 개발 전략을 이해하는 데 도움이 됩니다.

파이프라인 현황

에이비엘바이오는 다양한 이중항체 파이프라인을 보유하고 있으며, 각 프로그램은 주로 그랩바디 플랫폼(Grabody-T, Grabody-B 등)을 기반으로 합니다. 이 중 상당수는 이미 유한양행, 아이맙iMab, 사노피Sanofi 등 굵직한 파트너들과의 협력을 통해 글로벌 임상시험을 진행하고 있습니다.

구체적으로 살펴보면, ABL301Grabody-B 기반 파이프라인은 사노피와 대규모 기술이전 계약을 이끌어낸 파킨슨병 치료제 후보물질입니다. 혈뇌장벽을 통과하는 BBB 셔틀 기술을 활용해, 뇌 안에 있는 유해 단백질(예: α-시누클레인)을 효과적으로 제거하는 기전으로 작용합니다.

ABL001Grabody 기반 이중항체은 미국 나스닥 파트너사 컴패스테라퓨틱스Compass Therapeutics, NASDAQ: CMPX를 통해 담도암과 대장암 등 고형암 임상2/3상 단계에서 치료 효능과 안전성을 검증하고 있습니다. 2025년 상반기 담도암 임상2/3상 임상결과 발표와 함께 가속 승인 신청을 진행한다는 계획입니다.

이 외에 항암제뿐만 아니라 뇌질환, 면역질환 등 다양한 분야로 파이프라인을 확대하고 있는데, 특히 Grabody-T나 Grabody-B 플랫폼을 활용한 다양한 후보물질들이 개발되고 있습니다.

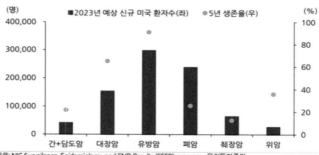

자료: NIC Surveillance, Epidemiology, and END Results (SEER) program, 유진투자증권
주: 2021년 담도암 미국 신규 환자수:18,300명, 사망 환자수: 11,310명
주: 2021년 담도암 전세계 신규 환자수: 210,887명, 사망 환자수: 173,974명

암 종류별 발생률

ABL 001 (CTX-009) 임상 설명

		1차 임핀지/젬시타빈/시스플라틴		1차 젬시타빈/시스플라틴		2차 폴폭스		2차		3차	
								ABL001/파클리탁셀			
N	ORR	341	26.7%	204	26%	81	5%	11	64%	13	15%
PFS	OS	7.2m	12.9m	8.0m	11.7m	4.0m	6.2m	10.0m	11.7m	5.5m	12.9m
설명		면역항암제 병용이 1차		기존 1차		영국 2차 표준요법		폴폭스 요법 대비 높은 효능 나타냄			

자료: ABL 바이오, Compass Therapeutics, 유진투자증권

ABL001(CTX-009) 임상2/3상 중간 결과

ABL001: 담도암과 대장암 공략

ABL001은 'DLL4Delta-like ligand 4'와 'VEGF-AVascular Endothelial Growth Factor A'라는 암이 자라는 데 중요한 역할을 하는 2가지 표적을 동시에 타깃하는 이중항체 치료제입니다. 즉, 암세포가 혈관을 새로 만들면서 성장하는 과정을 한 번에 차단하려는 전략이라고 보면 됩니다.

이 치료물질은 미국의 컴패스테라퓨틱스에 기술이전되어 글로벌 임상시험을 진행 중이며, 주된 대상 질환은 담도암과 대장암입니다. 담도암 치료제 시장은 2030년에는 약 16억달러 규모로 성장하고, 연평균 20%씩 커질 것으로 예상하고 있습니다. 담도암은 발병률이 낮지만 한 번 1차치료제(아스트라제네카 '임핀지'와 젬시타빈·시스플라틴 병용요법)를 쓰고 나면 그 다음 쓸 2차치료제가 거의 없는 상황입니다.

ABL001은 담도암을 대상으로 임상2/3상을 진행 중인데, 중간 결과로는 24명의 담도암 환자 중 9명에서 종양 크기가 줄어드는 부분관해Partial Response가 나왔고, 암이 다시 자라지 않고 유지되는 기간무진행생존기간, PFS이 평균 9.4개월, 전체생존기간OS은 평균 12.5개월이라는 양호한 데이터를 보였습니다. 기존 2차치료제로 거론되는 폴폭스FOLFOX나 파클리탁셀PACLITAXEL 단독요법과 비교해도 우수한 치료 효과를 나타냈습니다.

이런 데이터에 기반해 ABL001은 2023년 4월 25일 미국 FDA로부터 '패스트트랙Fast Track' 지정을 받았고, 2025년 상반기에 최종 결과를 발표한 뒤 신약승인을 신청한다는 계획입니다. 또한 미국 MD앤더슨 암센터에서는 ABL001과 '임핀지'를 1차치료제로 함께 쓰는 연구임상도 진행하고 있습니다.

ABL001은 대장암에 대해서도 임상2상을 진행 중인데, 결과 발표는 2025년 상반기로 예상됩니다. ABL001 담도암 임상결과와 조기 신약승인 여부에 따라 에이비엘바이오의 향후 현금흐름 지형은 대폭 개선될 가능성이 있습니다.

ABL111: T세포를 암세포와 이어주는 매개체

ABL111Givastomig은 암세포를 직접 공격하는 대신, T세포우리 몸의
면역 전사들와 암세포를 연결하는 이중항체 치료제입니다. 이러한 약
물을 'T셀 인게이저T cell engager'라고 부르는데, 쉽게 말해 T세포와
암세포를 연결시켜주는 '중매쟁이 이중항체'라고 생각하면 됩니다.

이 치료제는 CLDN18.2클라우딘18.2라는 종양세포 표면 단백질
과 T세포를 활성화하는 4-1BB라는 수용체를 동시에 결합하는 방
식으로 작동합니다. 무턱대고 T세포를 활성화하면 간 독성 문제가

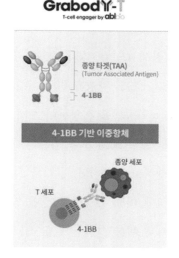

에이비엘바이오의 T세포 인게이저 그랩바디-T(출처: 에이비엘바이오)

생길 수 있으나 종양세포 주변에서만 T세포를 활성화해 싸우게 하면 부작용을 줄일 수 있습니다. 과거 BMS나 화이자 같은 빅파마들이 4-1BB 항체를 개발하다 간 독성 문제로 포기한 적이 있었는데, ABL111은 종양 환경에서만 4-1BB를 작동시켜 부작용 문제를 극복하려는 것입니다.

실제 ABL111 임상1상 시험(환자 55명 대상)에서 간독성 사례는 3건이었는데, 이 중 3등급 1건, 1등급 2건에 그치는 양호한 결과를 발표했습니다. 예전에 4-1BB를 활용하다 실패했던 BMS가 다시 ABL111과 협력하기로 한 것도 이러한 안전성 데이터 때문입니다.

또한 ABL111은 'CLDN18.2'라는 발현도에 상관없이 위·식도선암GEC 환자들에게 일정한 치료 효과를 내는 특징을 보였습니다. 경쟁 약물인 졸베툭시맙Zolbetuximab은 CLDN18.2 발현이 높은 환자에게는 잘 듣지만 발현이 낮은 환자에게는 효과가 저조한 반

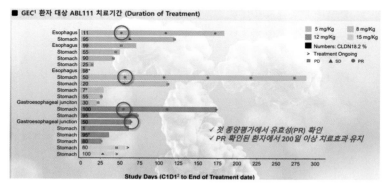

GEC1 환자 대상 ABL111 치료 기간

Givastomg와 Zolbetuximab 임상 비교			
Drug	Givastomig	Zolbetuxiamb	
Phase	Phase 1	Phase 1	Phase 2
CLDN18.2 expression	IHC≥1+ in ≥1%	IHC≥1+ in ≥1%	IHC≥2+ in ≥50%
Cancer type	GC/GEJ/EAC	GC/GEJ	GC/GEJ/EAC
ORR	15%	0%	9%
DCR	35%	7%	23%

자료: IMAB biopharma, 유안타증권 리서치센터

Givatomg와 Zolbetuxibab 임상 비교

ABL111 임상진행 계획

면, ABL111은 CLDN18.2가 낮게 발현된 환자군에서도 부분반
응PR을 보여 환자 폭을 훨씬 넓힐 수 있는 가능성을 보였습니다.

앞으로 ABL111은 화학요법이나 PD-(L)1 항체와 병용하여 위·
식도암 1차치료제로, 그리고 단독으로는 3차치료제로도 임상을 진
행한다는 계획입니다.

ABL301: 파킨슨병 치료제의 새로운 가능성

ABL301은 에이비엘바이오에서 개발하고 있는 BBB Blood-Brain Barrier, 혈뇌장벽 셔틀 이중항체입니다. 쉽게 말해, 뇌 속으로 진입하기 힘든 기존의 항체 치료제와 달리, ABL301이 IGF1R 수용체와 결합해 마치 셔틀버스처럼 혈뇌장벽을 통과할 수 있습니다. 이러한 특성 덕분에 파킨슨병과 같은 뇌질환 치료제 후보물질로 큰 기대를 받고 있으며, 사노피와 계약을 체결한 후 현재 임상1상을 진행하고 있습니다.

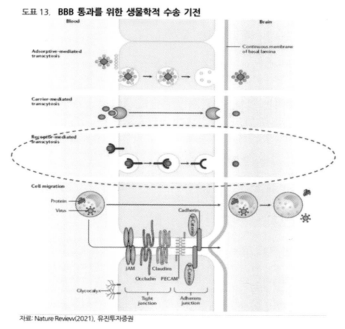

BBB 통과를 위한 생물학적 수송 기전 중 수용체 매개 내세포작용

에이비엘바이오의 BBB셔틀 그랩바디-B 플랫폼

부작용 줄이는 열쇠, BBB 셔틀 기술의 중요성

최근 허가받은 알츠하이머 치료제들레카네맙, 도나네맙은 혈뇌장벽을 뚫기보단 뇌 손상 부위를 통해 약물이 들어가는 것으로 추정되고 있습니다. 이 때문에 뇌 속으로 진입과 동시에 부작용(뇌부종, 뇌출혈, ARIA)이 발생하는 문제점이 지적되고 있습니다. 반면, BBB 셔틀은 약물이 뇌 전체에 고르게 퍼져서 부작용이 크게 줄 것으로 기대됩니다. 실제로 로슈Roche가 BBB 셔틀을 적용한 Trontinemab 임상에서 ARIA 발생이 거의 없었다는 임상결과를 발표하기도 했습니다.

ABL301 글로벌 임상 준비

ABL301은 2022년 12월 31일 임상1상을 시작했는데, FDA가 고용량(20mg/kg 초과) 그룹에 대한 추가 자료를 요청해 처음에는 저용량(20mg/kg 이하) 그룹만을 대상으로 임상을 진행했습니다. 이후 고용량에 대한 영장류 시험 안전성 데이터를 제출했고, 2023년 1월 17일 FDA의 변경 승인을 받았습니다. 임상1상은 주로 안전성을 보는 단계지만, ABL301은 2차 평가지표로 파킨슨병 진단에 쓰이는 α-시누클레인α-synuclein의 혈중 농도 변화를 살펴볼 계획으로, ABL301이 뇌 안까지 잘 들어갔는지 간접적으로 확인할 수 있을 것으로 기대됩니다.

안전성이 확인되면, 2025년부터 사노피가 본격적으로 효능 평가를 위한 글로벌 임상2상을 시작할 것으로 예상됩니다. 동시에 다른 기업들과의 추가 기술이전 논의도 가능할 것으로 보입니다. 아직은 임상1상 단계지만, 업계 전반이 퇴행성뇌질환과 BBB 셔틀 기술에 관심을 갖고 있어 결과에 따라 에이비엘바이오의 기업가치가 크게 상승할 가능성이 있습니다.

ABL503(PD-L1×4-1BB): 암세포와 면역세포 동시에 겨냥

ABL503은 PD-L1 암세포가 면역 시스템을 속이는 데 활용하는 단백질과 4-1BB 면역세포인 T세포를 활성화하는 수용체를 동시에 겨냥한 이중항체입니다. 이미 초기 임상결과 난소암 환자 1명에서 종양이 완전히 사라

ABL301 임상 1 상 요약

피험자수	40명
임상 시작일	22.12.31.
임상 시험 변경 승인일	24.1.17.
임상 종료 예정일	23.9.21(기존 저용량 코호트, 향후 변경 예정).
임상 시험군	ABL301 단회 투약군 vs Placebo 단회 투약군
임상 시험 1차 평가 지표	TEAE 발생 빈도
임상 시험 2차 평가 지표	혈중 Cmax, 혈중 AUC, 면역원성 평가
기타 평가 지표	혈중 α-synuclein 농도

자료: Clinical trials, 유안타증권 리서치센터

ABL301 임상1상 설계 요약

지는 'CRComplete Response'도 나왔고, 위암·두경부암·피부암 환자 3명에게서 종양 크기가 줄어드는 'PRPartial Response'을 확인한 바 있습니다. 2024년 ASCO미국임상학회에서는 ABL503 임상1상 중간 데이터가 발표되었습니다. 기존 치료제에 반응하지 않거나 사전 치료가 많은 환자들을 대상으로 진행된 임상으로 평가 가능한 환자 44명을 분석한 결과 CR 1명, PR 6명을 나타내 경쟁약물 대비 우수한 치료 효과라는 평가를 받았습니다.

ABL503은 일반적인 방식특정 암종 1가지에 대한 임상이 아니라, 여러 종류의 고형암 환자를 한꺼번에 대상으로 하는 '바스켓 트라이얼Basket Trial'로 임상을 진행 중입니다. 난소암, 위암, 두경부암, 피부암 등 다양한 암종 환자들을 모아 놓고, ABL503이 다양한 암종에서 얼마나 잘 듣는지 한 번에 테스트하는 방식입니다.

이중항체 ADC 개발

에이비엘바이오는 2024년 유상증자를 통해 약 1,400억원의 자금을 확보하고, 이 자금을 이중항체 ADCAntibody-Drug Conjugate 개발에 투입할 계획이라고 발표했습니다. 2025년까지 임상시험계획IND 단계에 이중항체 ADC 파이프라인 3개를 올리겠다는 구체적인 목표도 제시했습니다.

일반적으로 암세포는 한 경로를 차단당하면 다른 경로를 활성화해 저항성을 갖게 되는데, 이중항체 ADC는 서로 보완관계에 있는 표적 2개를 동시에 공략해 암세포가 쉽게 도망갈 구멍을 막아버리는 장점을 갖고 있습니다. 이 기술은 아직 글로벌 시장에서 개발 초기 단계로 경쟁이 치열하지 않아 선점 효과를 노리는 것도 가능합니다.

2023년 12월 중국의 시스트이뮨SystImmune이 임상2상 단계 이중항체 ADC 물질을 BMS에 11조원에 이전한 적이 있습니다. 일반적인 ADC 기술수출 규모가 1~2조원대임을 감안할 때 이중항체 ADC는 그보다 훨씬 높은 가치를 인정받고 있음을 알 수 있습니다.

현재 2개 프로젝트에 대해 원숭이 독성 실험을 진행 중이며, 이 데이터가 확보되면 순차적으로 IND를 신청한다는 계획입니다.

Drug name	Company	Targets	Stage	linker-drug	Indication
BL-B01D1	Sichuan Baili Pharmaceutical	EGFRxHER3	Phase 3 (2022~)	novel topoisomerase I inhibitor (Ed-04)	Solid tumor
	Systimmune	EGFRxHER3	Phase 1 (2023~)	novel topoisomerase I inhibitor (Ed-04)	NSCLC
ZW49	BeiGene/ Zymeworks	HER2/HER2	Phase 1 (Discontinued)	NAcS auristatin	Metastatic HER2-expressing cancers
REGN5093-M114	Regeneron	MET/MET	Phase 1/2 (2021~)	maytansine derivative M24	NSCLC
AZD9592	Astrazeneca	EGFRxc-Met	Phase 1 (2022~)	Topoisomerase inhibitor	NSCLC
M1231	Sutro	EGFR/MUC1	Phase 1 (HOLD) (2021~2023)	VC-PABS-SC209 (microtubule inhibitor)	Esophageal cancer, NSCLC, Metastatic solid tumors
MEDI4276	MedImmune/ Astrazeneca	HER2/HER2	Phase I (Discontinued)	mc-Lys-MMETA	Breast, gastric cancer
IMGN151	Immunogen	FRa/FRa	Phase 1 (2023~)	DM21-L-G	Ovarian cancer
KM-501	Beijing Combio Pharmaceutical	HER2/HER2	Phase 1 (2023~)	NA	HER2 overexpression Tumors (cholangioma, breast cancer, Herceptin resistance)
JSKN003	Alphamab oncology	HER2/HER2	Phase 1/2 (2023~)	dibenzocyclooctyne tetrapeptide linker, topoisomerase I inhibitor	Solid tumors
DM001	Doma	TROP2/EGFR	Phase 1 (2024~)	MMAE	NA
JY201	Shenzhen Enduring Biotech	HER2/HER2	preclinical	PEG	NA
JY207	Shenzhen Enduring Biotech	PD-L1/CD47	preclinical	PEG-MMAE	NA
BIO-201	BiOneCure Therapeutics	HER2/TROP2	preclinical	Topoisomerase inhibitor	NA
YH012	Biocytogen	HER2/TROP2	preclinical	MMAE	NA

글로벌 이중항체 ADC 파이프라인 현황

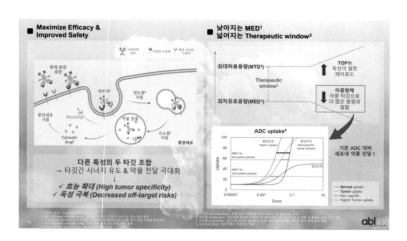

단일항체 대비 이중항체의 장점

향후 전망 및 투자 가치

주요 파이프라인 성과로 자금 유입 가속 전망

에이비엘바이오는 2024년 유상증자를 통해 연구개발에 필요한 자금을 확보했습니다. 이제 주요 파이프라인의 임상진행과 그에 따른 마일스톤기술료 수입, 그리고 추가적인 기술수출 계약을 통해 자금이 유입될 것으로 기대하고 있습니다.

2025년 ABL301 임상1상을 마치고 사노피가 임상2상을 진행하게 되면, 그 시점에서 마일스톤이 유입될 예정입니다. ABL001은 이미 임상2/3상 단계에 있어, 올해 담도암 관련 탑라인 데이터임상 결과 핵심 지표가 발표될 예정이고, 이를 바탕으로 가속 승인을 추진한다는 계획입니다. 결과에 따라 마일스톤을 받을 수 있으며, 순조롭게

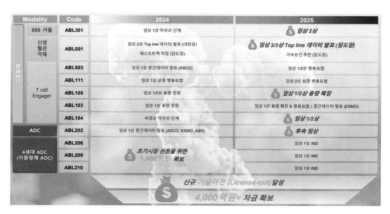

에이비엘바이오 파이프라인의 임상진행에 따른 마일스톤 자금 유입

진행될 경우 2026~2027년 상업화될 전망입니다.

ABL105의 경우, 임상1/2상 과정에서 용량 확장dose expansion 을 하면서 추가 자금을 확보할 수 있을 것으로 예상됩니다. 또한 ABL104, ABL202는 중국 시스톤CStone 을 통해 후속임상이 진행되며, 이 역시 마일스톤 형태의 자금 유입을 가져올 전망입니다.

회사 측은 2025년까지 전체적으로 유상증자 포함 약 4천억원가량의 자금을 확보할 수 있을 것으로 내다보고 있습니다. 또한 추가적인 기술수출과 이에 따른 자금유입도 기대하고 있습니다.

파이프라인 임상진전 및 장기 성장성

담도암 치료제ABL001 는 2027년 상업화에 따른 의미 있는 규모의 현금 유입이 발생할 수 있습니다. 최초 담도암 2차치료제로서 시장에 진입하는 만큼 회사는 천억 단위 자금 유입이 가능할 것으로 기대하고 있습니다. 이는 동사의 재무 개선에 큰 도움을 줄 것으로 예상됩니다.

또한 대장암 치료제는 2028년경 임상3상 단계에 진입할 가능성이 있습니다. 이 외에도 여러 파이프라인이 임상2상, 임상3상 단계로 올라서면서 전체적으로 에이비엘바이오의 가치는 상승할 전망입니다.

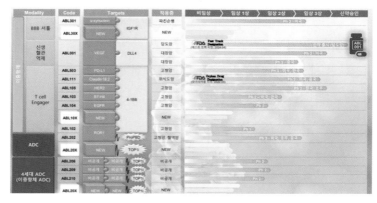

에이비엘바이오의 파이프라인 현황

주가 레벨업의 열쇠: 임상결과와 기술수출

지난 5년간 에이비엘바이오의 주가는 박스권을 벗어나지 못하고 들쭉날쭉한 흐름을 보여왔습니다. 기술수출을 성공시켜도 기대만큼 주가가 오르지 않았을 뿐만 아니라, 오히려 더 빠지는 일도 있었기 때문에 투자자들 사이에서는 '기술수출이 무슨 의미가 있냐'는 자조 섞인 목소리도 있었습니다.

왜 이런 일이 벌어졌을까요? 아직 파이프라인 대부분이 임상초기(1상) 단계라 기술적 가치를 제대로 평가받기 어려웠기 때문입니다. 임상1상은 안전성을 확인하는 수준이라 약물의 진짜 가치나 우수성을 판단하기 힘듭니다. 이런 상황에서 아무리 기술수출을 해도 시장은 '기술이 증명된 것이 아니다'는 평가를 내렸던 것입니다. 기술과 기업에 대한 신뢰가 높지 않았다고 볼 수 있습니다.

앞으로 긍정적인 임상결과 발표, 이중항체 ADC 개발의 순조로운 진행, 빅파마(사노피) 외에 다른 글로벌 제약사와 기술 계약이 이어진다면 시장의 신뢰를 받으며 주가 역시 한 단계 레벨업할 것으로 예상합니다.

에이비엘바이오의 성장 전략

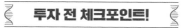

리스크 점검

- ☑ 주요 파이프라인이 아직 임상초기 단계
- ☑ ABL001, ABL111, ABL301, ABL503 등 임상성공 리스크

투자 전략

- ☑ 유상증자로 연구개발 자금 확보
- ☑ 추가 기술수출 가능성
- ☑ 이중항체 ADC 진출로 중장기적 성장 가능성 높아져
- ☑ ABL001 담도암 2차치료제 승인 시 미래 현금흐름 개선

CNS 신약개발의 선두주자,
SK바이오팜

기업 개요

*2025년 1월 3일 16시 10분 기준

현재주가(원)	117,800
시가총액(억원)	92,253
52주 최고가(원)	11,950
52주 최저가(원)	72,600
주주구성	SK㈜ 64.04%
상장일	2020년 7월

SK바이오팜의 네이버 증권 차트

SK그룹의 바이오 분야 핵심 기업, SK바이오팜

SK바이오팜은 SK그룹의 바이오 분야 핵심 기업으로 현재 SK가 약 64%의 지분을 보유하고 있습니다. SK그룹은 전략적 M&A와 투자를 통해 바이오 분야 입지를 다져왔고, 그중 SK바이오팜은 CNS중추신경계 질환과 관련된 신약개발에 집중하는 핵심 기업입니다.

CNS 분야 신약개발로 글로벌 무대 진출

SK바이오팜은 2011년 SK㈜에서 물적 분할된 이후, CNS 계열 신약개발에 꾸준히 투자해왔습니다. 뇌전증, 기면증, 수면장애 등 중추신경계 질환 치료제를 개발하는 영역으로, 다른 치료 분야에 비

179

해 난이도가 높지만 성공 시 가치가 큰 시장입니다.

2019년 3월 기면증 치료제 '수노시Sunosi'가 미국 FDA의 승인을 얻습니다. 또한 같은 해 11월에는 뇌전증 치료제 '엑스코프리Xcopri, 성분명 Cenobamate'가 18세 이상 부분발작 치료제로 FDA의 승인을 받으며 미국 시장에 진출하게 됩니다. 2020년 5월 본격적으로 미국 판매를 시작했고, 2023년 3월에는 'Ontozry'라는 이름으로 유럽에서도 판매를 개시합니다.

특히 눈여겨볼 점은 SK라이프사이언스가 미국 내 엑스코프리 판매를 직접 담당하고 있다는 점입니다. 많은 바이오 기업이 글로벌 제약사에 판매를 맡기는 반면, SK바이오팜은 자체 판매망을 구축해 수익성과 시장 반응을 직접 관리하는 전략을 선택합니다. 이런 전략은 단기적으로는 비용 부담이 있을 수 있지만 장기적으로는 브랜드 인지도 제고와 수익 극대화에 도움을 줄 것으로 예상됩니다.

엑스코프리가 흑자 전환의 핵심 엔진

미국 시장의 높은 성장에 힘입어 엑스코프리는 2024년 연간 매출 전망 예상치 3.2억달러를 달성할 가능성이 높은 것으로 예상됩니다. 엑스코프리(미국) 매출액은 1분기 909억원, 2분기 1,052억원, 3분기 1,133억원으로 꾸준히 증가하고 있으며, 4분기는 1,250억원대를 기록할 것으로 예상되고 있습니다. 2023년 4분기를 기점으로 분기 흑자로 돌아선 이후 흑자 폭이 증가되면서 2024년 영업이익은 850억 원에 이를 것으로 보입니다. 매출이 비용을 훨씬 빠른 속도로 앞지르고 있어 2025년 영업이익은 1,700억 원대로 확대될 전망입니다. 이런 흐름은 앞으로 SK바이오팜이 미국 직접 판매 전략을 통한 규모의 경제 효과를 더욱 크게 누리며, 흑자 폭을 점차 확대할 가능성을 보여주는 대목입니다.

보유 기술과 경쟁력

엑스코프리: 경쟁 신약 대비 2배 이상 빠른 처방 증가율

엑스코프리는 미국 시장에서 월간 처방건수TRx 지표를 통해 뚜렷한 성장세를 보여주고 있습니다. 2024년 9월 기준, 엑스코프리의 월간 처방건수는 약 3.1만 건(2분기 2만8천 건)으로, 이는 경쟁 신약들이 출시 후 53개월 차에 도달했을 때의 평균 처방건수를 약 2.2배 웃도는 수준입니다. 다시 말해, 비슷한 시점에서 다른 뇌전증 치료제가 달성했던 성과보다 훨씬 빠른 속도로 처방 건수가 늘고 있다는 의미입니다.

더욱 주목할 점은, 출시 3년 차에 접어든 시점에서 엑스코프리가 이미 경쟁약물인 '브리비악트Briviact'의 매출을 추월했다는 사실입니다. 또한 시장 선두 치료제로 꼽히는 '빔팻Vimpat'과 비교했을 때도 엑스코프리의 출시 후 기간을 따져보면 더 빠른 성장 속도를 유지하고 있습니다.

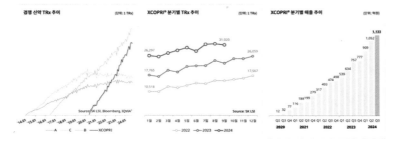

SK바이오팜 2024년 3분기 실적 발표

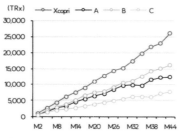

엑스코프리와 경쟁 3세대 뇌전증 치료제 신약
TRx 비교(출처: SK증권)

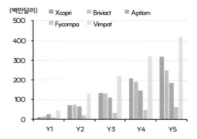

출시 연차 기준 주요 뇌전증 치료제 미국 매출
추이(출처: SK증권)

적응증 확장으로 커지는 잠재력

엑스코프리는 현재 미국, 유럽 시장에서 18세 이상 부분발작Partial Onset Seizure 환자 치료제로 처방되고 있으며, 앞으로 아시아 임상진행과 함께 소아 연령층까지 적응증을 넓히려는 계획입니다. 2025년에는 부분발작 아시아 임상 및 소아 환자 대상 (s)NDA 제출이 예정되어 있으며, 향후에는 부분발작뿐만 아니라 전신강직간대발작Primary Generalized Tonic-Clonic Seizure 영역으로도 적응증 확장을 추진하고 있

프로젝트	적용증	Research	IND	Phase 1	Phase 2	Phase 3	NDA	Approval
Cenobamate	뇌전증 - POS[1]							
	뇌전증 - POS (Asia Expansion[2])						Phase 3	
	뇌전증 - POS (Pediatric Expansion)						Phase 3	
	뇌전증 - PGTC[3] Seizures						Phase 3	
Solriamfetol (L/O to Axsome)	수면장애 (기면증/수면무호흡증으로 인한 과도한 주간 졸림증)							
Carisbamate	레녹스-가스토 증후군 (희귀 소아 뇌전증)							
SKL24741	뇌전증							
SKL27969	유약 방광증 (FKMT 5 선택적 억제)							
Relenopride	표피 신경계 질환							
SKL13865	집중력 장애							
SKL20540	조현병							
SKL-PSY	조울증							

SK바이오팜 2024년 3분기 실적 발표

습니다. 적응증이 확대되면 자연스럽게 더 많은 환자군에 접근할 수 있게 되어 장기적으로 매출 가속화로 이어질 가능성이 높습니다.

글로벌 시장으로 영역 확대

엑스코프리는 미국과 유럽을 넘어 일본, 캐나다, 한국, 중국, 중동·북아프리카, 라틴아메리카 등 다양한 지역으로 판매 지역을 확대하고 있습니다. 일본에서는 임상3상을 진행 중이며, 캐나다 역시 상업화를 위한 임상개발 단계 중입니다. 이스라엘에서는 이미 상업화를 진행하고 있으며, 우리나라에서는 동아ST와 협력해 개발을 추진하는 등 지역별 파트너십과 기술이전을 통해 꾸준히 새로운 시장 진입을 모색하고 있습니다.

품목	계약 상대방	대상 지역	계약 체결일	계약금액	마일스톤	수취금액	진행단계
Cenobamate	Angelini Pharma	유럽	2019-02-13	$100M	$430M	$210M	유럽 출시
	Ono Pharmaceutical	일본	2020-10-13	50 억엔	481 억엔	50 억엔	임상 3 상
	Endo Ventures	캐나다	2021-12-23	$20M	CAD21M	$20M	캐나다 상업화
	Dexcel	이스라엘	2022-05-12	비공개	비공개	비공개	상업화 진행중
	Eurofarma Laboratorios	라틴아메리카	2022-07-14	$62M	$47M	$15M	상업화 진행중
	Hikma MEN FZE	중동 및 북아프리카	2023-08-17	$3M	$0	$3M	상업화 진행중
	Dong-A ST	한국 등 30 개국	2024-01-04	50 억원	140 억원	50 억원	개발중
Cenobamate/ Solriamfetol 외 다수	Ignis Therapeutics	중국, 홍콩, 대만, 마카오	2021-11-11	$20M	$15M	$20M + 지분취득	임상 3 상
Solriamfetol	Aerial Biopharma (Jazz 권리인수)	아시아 12 개국 제외 전세계	2011-08-30	비공개	비공개	비공개	미국 및 유럽 출시
SKY-PSY	PKUCare Pharmaceutical R&D Center	중국, 홍콩, 대만	2013-01-12	비공개	비공개	비공개	임상 1 상 준비중

엑스코프리(세노바메이트)와 수노시(솔리암페톨)의 해외 진출 현황

뇌전증 치료제 시장: 전신발작으로의 확장 가능성

글로벌 뇌전증 치료제 시장은 2022년 기준으로 약 10조원 규모이며 이 중 미국이 55%의 비중을 차지하고 있습니다. 전체 뇌전증 환자 중 부분발작이 55~60%를 차지하며, 전신발작이 약 30%를 점유하고 있습니다. 전신발작 환자 중 30%는 기존 치료제의 효과가 제한적이고, 나머지 70%의 환자도 발작 형태의 완화 수준에

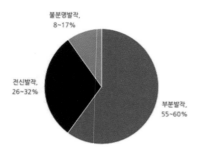

종류별 간질 발생 비율(출처: DS증권)

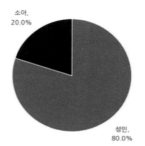

연령별 간질 발생 비율(출처: DS증권)

머물고 있어 미충족 수요가 존재합니다. 전신발작 분야로의 진출은 SK바이오팜에게 기회 요인입니다.

부분발작 치료 효과와 시장 경쟁력

엑스코프리는 400mg 용량에서 발작 빈도를 약 55% 감소시켰고, 발작이 완전히 소실되는 비율은 21%에 이릅니다. 경쟁 약물인 빔팻Vimpat과 비교했을 때, 훨씬 높은 치료 효과를 보이고 있습니다.

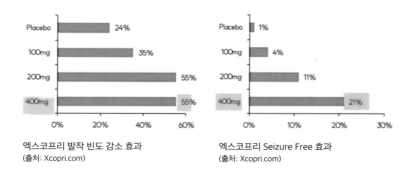

엑스코프리 발작 빈도 감소 효과
(출처: Xcopri.com)

엑스코프리 Seizure Free 효과
(출처: Xcopri.com)

부작용과 임상 지속의 균형

엑스코프리는 일부 부작용에서 경쟁 약물보다 높은 수치를 보입니다. 대표적인 부작용으로는 졸림, 현기증, 피로, 복시 등이 있으며, 이로 인해 약물을 중단하는 환자 비율이 빔팻Vimpat이나 브리바라세탐Brivaracetam 등 경쟁 약물에 비해 다소 높았습니다. 그럼에도, 엑스코프리의 뛰어난 치료 효과 덕분에 전체 약물 중단 환자 비율은 낮게 나타났습니다.

주요 부작용	Xcopri(Cenobamate)				Vimpat			Brivaracetam			
	위약 n=216	100mg n=108	200mg n=223	400mg n=111	위약 n=364	200mg n=270	400mg n=471	위약 n=459	50mg n=200	400mg n=353	200mg n=250
somnolence(졸림)	11	19	22	37	5	5	8	8.5	11.54	16.8	15.2
dizziness(현기증)	15	18	22	33	8	16	30	7.2	11.5	8.8	14.4
fatigue(피로)	7	12	14	24	6	7	7	3.7	7	7.6	1.6
diplopia(복시)	2	6	7	15	2	6	10				
headache(두통)	9	10	12	10	9	11	14	10.2	16	7.4	7.6
nausea(메스꺼움)	3	6	6	9	4	7	11	2.4	4	4.2	3.6
임상 중단비율	4	11	9	21	5	8	17	4	5	8	7

경쟁약물 대비 엑스코프리의 높은 부작용과 임상중단 비율(출처: SK증권)

SK바이오팜의 성장 전략

미국 직판체제: 신약 마케팅의 새로운 도전

SK바이오팜은 미국 시장에서 엑스코프리를 직접 판매하기 위해 100% 자회사인 SK라이프사이언스를 설립해 판매 활동을 진행하고 있습니다. 엑스코프리의 후속 신약 판매도 기존의 영업 인력을 활용할 계획으로, 향후 비용효율적 매출 증가가 기대됩니다.

미국 직판 추진에 따라 시장에서는 몇 가지 우려가 제기되고 있는 것도 사실입니다. 첫째, SK바이오팜의 미국 내 인지도가 낮아 브랜드 인지도를 높이는 데 시간이 소요될 수 있다는 점입니다. 둘째, 중추신경계 계열 질환을 치료하는 의사들은 보수적인 성향이 있어 새로운 약물 처방에 신중한 태도를 보이는 경향이 있는데, 특히 뇌전증 치료제는 여러 약물을 동시에 처방해야 하기 때문에 약물 변경과 부작용에 대한 우려가 높다는 것입니다. 이러한 이유로 의료계는 새로운 약물의 처방을 쉽게 결정하지 않을 수 있어 매출 증가가 어려울 수 있다는 점을 지적하고 있습니다.

그러나 현재 SK바이오팜은 엑스코프리의 분기 매출이 1,000억 원을 돌파하고 있어 이러한 우려를 어느 정도 해소하고 있는데, 이는 엑스코프리의 치료 효과 때문일 것으로 추정됩니다.

SK바이오팜이 미국 직판체제를 고집한 이유는 단순히 엑스코프리 판매에 그치지 않고, 향후 출시될 많은 약물들을 동일한 마케팅 채널을 통해 판매하려는 장기적인 전략이 있었기 때문입니다.

시장 확대를 이끄는 엑스코프리의 약가 경쟁력

엑스코프리가 시장에서 주목받는 이유는 뛰어난 치료 효과만이 아니라 신중하게 설계된 약가 정책 덕분입니다. 이 약물은 초기 치료 단계에서 서서히 용량을 늘려야 하는 특성이 있는데, 이를 반영한 약가 전략이 시장에서 상당히 효과적으로 작용하고 있다는 평가입니다.

초기 치료 단계에서는 경쟁 약물 대비 57% 저렴한 가격으로 공급하고 시장 침투를 가속화한 후, 유지 단계에서도 단일 용량의 가격을 경쟁 약물보다 20% 저렴하게 책정해 환자들이 장기적으로 약물을 사용할 수 있도록 유도한 것이 주효했습니다.

약물명	데일리 용량	1팩 가격 ($)	1팩/정($)	1일 기준($)	1달 기준($)
Briviact (Brivaracetam)	50mg x 2회	1,523	60	50.8	1,523
	100mg x 2회	1,523	60	50.8	1,523
Xcopri (Cenobamate)	12.5mg~25mg	123	25	4.1	123
	100mg~150mg	1,252	58	21.6	648
	150mg~200mg	1,252	58	21.6	648
	50mg/100mg/200mg (단일용량)	1,252	30	41.7	1,252

경쟁 약물 대비 저렴한 엑스코프리의 약가(출처: SK증권)

시장에서는 엑스코프리가 적응증 확장과 시장 확대를 통해 2024년 이후 연평균 20% 이상의 성장률을 유지할 가능성이 크다고 보고 있습니다. 특히, 2029년경에는 글로벌 시장에서 매출액 1조 원을 상회하는 블록버스터로 성장할 것을 점치고 있습니다.

성장의 핵심, 세컨드 프로덕트 확보

엑스코프리가 SK바이오팜의 대표 제품으로 자리잡으며 매출을

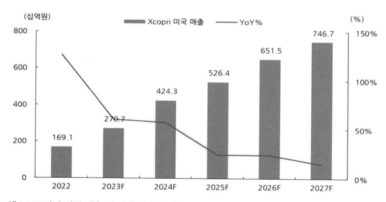

엑스코프리의 미국 매출 및 연간 성장률 전망(출처: DS증권)

이끌고 있지만, 기업의 중장기적인 성장을 위해서는 세컨드 프로덕트의 확보가 절실한 상황입니다. 이는 엑스코프리 이후 상업화와 매출 확대를 책임질 물질로 회사의 매출 공백을 메우고 성장의 탄력을 더할 수 있는 핵심 요소입니다.

SK바이오팜이 상장 당시 투자자들 사이에서 우려를 샀던 부분 중 하나가 바로 세컨드 프로덕트의 부재였습니다. 엑스코프리 이외의 후속 물질이 아직 임상초기 단계에 머물고 있었기 때문입니다.

SK바이오팜은 세노바메이트 다음 물질 확보 방안을 제시하고 2025년에 실행할 계획임을 밝혔습니다. 세컨드 프로덕트는 같은 신경계통의 신약물질로, 바로 상업화 단계에 진입할 가능성이 높은 후기임상 단계의 물질일 것으로 추정됩니다.

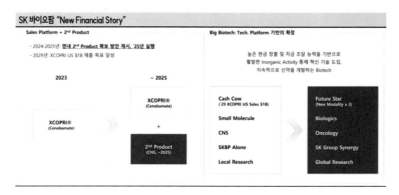

SK바이오팜의 세컨드 프로덕트 확보 계획(출처: SK바이오팜)

RPT로 미래 성장 동력 강화

SK바이오팜은 엑스코프리와 세컨드 프로덕트를 잇는 신성장 동력으로 방사성의약품에 주목하고 있습니다. RPT방사성의약품는 암 치료 분야에서 빠르게 성장하는 글로벌 시장 트렌드와 맞물려 SK바이오팜의 중장기적 성장을 견인할 가능성이 높은 분야로 평가됩니다.

2023년 풀라이프테크놀로지Full-Life Technologies로부터 RPT 후보 물질 FL-091(SKL35501)의 글로벌 권리를 확보하며 RPT 시장에 본격 진입했습니다. FL-091은 대장암, 전립선암, 췌장암 등 특정 암종에서 과발현되는 NTSR1 수용체에 작용하는 약물입니다. 강력한 방사성 동위원소인 액티늄-225가 암세포를 특이적으로 공격하는 기전으로 작용합니다. 해당 물질은 비임상 단계에 있으며, 동일한 NTSR1 경쟁물질 대비 10배 높은 결합력을 보이는 것으로 발표되었습니다.

SK바이오팜은 2025년 하반기에 한국과 미국에서 FL-091의 임상1상(IND)을 신청할 예정이며, 초기 단계는 국내에서 진행하고 이후에는 한국과 미국이 공동으로 임상을 수행한다는 로드맵을 발표했습니다. FL-091 외에도 2025년까지 2개 이상의 RPT 후보 물질을 추가로 도입할 계획을 밝히며 RPT 파이프라인을 3개로 확대하겠다는 목표를 발표했습니다. SK바이오팜은 RPT 외에도 단백질 분해제TPD와 유전자·세포 치료제CGT를 차세대 성장 동력으로 확정하고 연구개발 역량을 강화할 계획이라고 밝혔습니다.

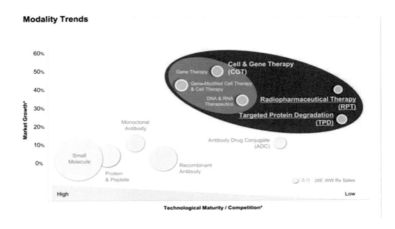

Modality Trends

SK바이오팜의 미래 성장 동력

빅바이오텍 도약을 위한 3단계 성장 전략

SK바이오팜은 글로벌 빅바이오텍으로 도약하기 위해 엑스코프리의 성장, 세컨드 프로덕트의 상업화, 차세대 신약 개발이라는 3단계 전략을 수립했습니다.

먼저, 엑스코프리의 매출 성장을 통해 안정적인 현금 창출 기반을 마련하고, 이를 바탕으로 연구개발R&D과 차세대 물질 도입을 준비하고 있습니다. 세컨드 프로덕트를 신속히 상업화해 매출 증가를 가속화하는 동시에 RPT와 TPD를 중심으로 차세대 신약 개발에 집중한다는 계획입니다.

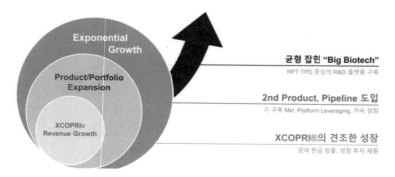

SK바이오팜의 글로벌 빅바이오텍 도약 3단계 계획

향후 전망 및 투자 가치

리스크 점검

SK바이오팜은 글로벌 빅바이오텍으로 도약할 가능성을 지닌 국내 주요 바이오텍 기업 중 하나로 평가받고 있지만, 리스크 요인과 투자 포인트에 대해서 면밀히 검토할 필요가 있습니다. 엑스코프리의 성장률이 시장의 기대치에 미치지 못한다면 주가에 큰 영향을 미치게 되기 때문입니다. 따라서 매 분기 실적발표를 통해 엑스코프리 성장 추이를 주시할 필요가 있습니다.

또한 세컨드 프로덕트의 도입이 예상대로 이루어지지 않거나 지연될 리스크도 존재합니다. 세컨드 프로덕트는 엑스코프리와 더불어 성장 가속화를 위한 핵심 전략이지만, 물질 확보가 지연되거나 실패할 경우 투자자들의 기대감이 약화될 수 있습니다. 이러한 리스크는 투자자들이 시간을 두고 물질도입과 임상결과를 지켜보며 신중히 대응해야 할 부분입니다.

투자 포인트

SK바이오팜의 투자 매력은 크게 3가지로 요약할 수 있습니다. 첫째, 신약 개발과 상업화를 독자적으로 수행한 경험을 보유한 보기 드문 국내 바이오텍입니다. 엑스코프리를 독자 개발하고, 미국 시장에서 직접 판매까지 성공적으로 수행한 경험은 회사의 밸류에이션을 높이는 중요한 요소로 작용합니다.

둘째, 흑자 전환과 매출 성장이 빠르게 이루어지고 있습니다. SK바이오팜은 이미 흑자 전환에 성공했으며, 향후 이익 증가 속도가 더욱 빨라질 가능성이 높습니다. 특히, 엑스코프리의 블록버스터 가능성과 세컨드 프로덕트 도입은 회사의 성장 가속화를 이끄는 중요한 요인입니다.

셋째, RPT와 TPD 기술 개발에 대한 집중 투자입니다. RPT는 SK바이오팜이 차세대 먹거리로 삼은 핵심 분야로, 성공 여부에 따라 회사의 성장성과 주가에 직접적인 영향을 미칠 것으로 보입니다. 또한 차세대 모달리티로 떠오르고 있는 TPD 분야에 대한 투자는 동사의 잠재적인 성장 가치를 끌어올리는 역할을 할 것으로 전망됩니다.

2027년부터 연간 약 5천억원 규모의 현금 유입이 예상되는데,

이를 통해 과감한 R&D 투자와 M&A를 추진할 수 있을 것으로 예상됩니다. 이는 회사가 빅바이오텍으로 성장하기 위한 동력을 제공하게 될 것입니다.

 투자 전 체크포인트!

리스크 점검

☑ RPT, TPD 신약개발 임상실패 가능성
☑ 세컨드 프로덕트 확보 지연 시 가속 성장에 대한 기대감 약화

투자 전략

☑ 신약 독자 개발 및 상업화를 이룬 경험 축적
☑ 흑자 전환, 매출 성장으로 미국 직접판매의 마진 확대 효과 → 흑자 폭 확대
☑ 세노바메이트 블록버스터 가능성, 두 번째 상업화 물질 도입 및 성장 가속
☑ 성장성 높은 RPT 집중 투자, TPD 개발
☑ 2027년부터 약 5,000억원 규모의 현금 유입, 신성장 기술 확보 속도
☑ 2030년 빅바이오텍으로 성장 가능성 큰 국내 바이오텍 중 하나

명실상부한 ADC 강자, 리가켐바이오사이언스

기업 개요

*2025년 1월 3일 16시 10분 기준

현재주가(원)	118,100
시가총액(억원)	34,264
52주 최고가(원)	143,600
52주 최저가(원)	46,300
주주구성	오리온 25.7% 김용주 외 1인 3.9%
상장일	2013년

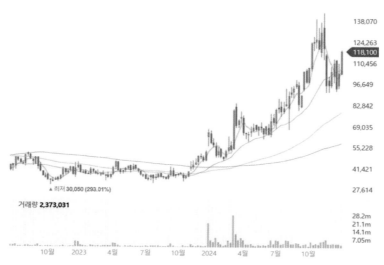

리가켐바이오사이언스의 네이버 증권 차트

ADC 플랫폼 기술 보유

리가켐바이오사이언스는 자체 개발한 ADC항체-약물결합체 원천기술을 보유하고 있는 국내의 대표적인 바이오 플랫폼 기업입니다. 2024년 시장으로부터 글로벌 기술 경쟁력을 인정받으며 주가가 재평가되고 있습니다.

신약개발 1세대 대표이사의 경영 주도

김용주 대표이사는 ㈜LG생명과학 신약연구소 소장 출신으로, 국내 최초 FDA로부터 승인된 신약인 '팩티브FACTIVE'를 개발했습니다. 항응고제, 간염치료제 등 글로벌 기술이전 경험을 다수 보유

글로벌 ADC 치료제 시장 전망(2019~2028년)

하고 있는 우리나라 신약개발 분야의 1세대입니다. 시장에서 신뢰가 깊다는 평가를 받고 있습니다.

ADC 시장 동향

ADC, 바이오 업계의 핵심 트렌드로 부상

ADC는 최근 들어 가장 '핫한' 바이오 기술입니다. 2023년에 ADC 분야의 M&A 또는 파트너십 금액이 1,000억달러에 달할 정도로 업계의 관심이 높은 상황입니다. 2024년에도 빅파마들이 진행한 굵직한 규모의 기술이전 및 M&A가 ADC 분야에 집중되었습니다.

이밸류에이트Evaluate의 조사에 따르면, 가장 성공한 ADC인 항암치료제 엔허투Enhertu는 2028년 100억달러의 매출을 기록할 것

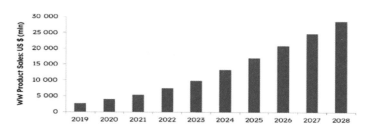

Total Value of ADCs

Source: Evaluate Ltd

글로벌 ADC 치료제 시장 전망(2019년~2028년)

TOP FIVE COMPANIES BY COMBINED ADC SALES, 2023 AND 2028

Company	2023 ADC sales ($m)	2028 ADC sales forecast ($m)
Daiichi Sankyo	2,459	9,998
Pfizer/Seagen	1,952	5,277
Gilead	1,071	3,423
Roche	3,072	3,128
AstraZeneca*	295	1,702

*shares of Daiichi's Enhertu and datopotamab

빅파마 ADC 치료제 매출 순위(2023년, 2028년)

으로 예상됩니다. ADC 전체 시장 역시 300억달러까지 성장할 것
으로 전망했습니다.

M&A로 재편된 ADC 공급시장

ADC 시장 동향에서 가장 주목할 부분은 빅파마들의 ADC 진출

Licensor	Licensee	Upfront (USSM)	Total (USSM)	Target	Stage	Date
Daiichi Sankyo	Merck & Co	4,000	22,000	HER3, B7H3, CDH6	Phase3,2,1	2023.10
Systimmune	BMS	800	8,400	EGFRXHER3	Phase1	2023.12
LegoChem Bioscience	Janssen Biotech	100	1,700	TROP2	Phase1	2023.12
Jiangsu Hansoh	GSK	185	1,700	B7H3	Phase2	2023.12
Duality Biologics	BioN Tech SE	170	1,670	HER2	Phase2	2023.04
Jiangsu Hengrui	Merck KGaA	169	1,648	CLDN18	Phase2	2023.10
Jiangsu Hansoh	GSK plc	85	1,570	B7H4	Phase1	2023.10
Mersana Tx	GSK	100	1,460	HER2	Preclinical	2022.08
Sichuan Kelun	Merck & Co	47	1,407	TROP2	Phase2	2022.05
Sutro Biopharma	Astellas Pharma	90	1,357	N/D	Discovery	2022.06

공급 시장 ↓ : ADC Platform suppliers 경쟁자 감소

최근 3년 경쟁사 임상 실패 및 M&A 현황

Clinical trial hold	Mersana Tx (XMT-2056 – STING agonist ADC, XMT-1536 – NaPi2b ADC)	2023.03 2023.06
	ADCT (Zylonta - CD19 ADC)	2021.9
M&A	Immunomedics -> Gilead ($ 21bn, 환화 25조)	2020.9
	Seagen -> Pfizer ($ 43bn, 환화 56조)	2023.3
	Synaffix -> Lonza ($ 195M, 환화 1430억)	2023.6
	Immunogen -> AbbVie ($ 10.1bn, 환화 13조)	2023.11
	Ambrx -> J&J ($ 2bn, 환화 2조 6,000억)	2024.01

TOP10 ADC 글로벌 기술이전(2022~2023년), 최근 3년 ADC 임상실패 및 M&A

가속화로 수요시장은 확대된 데 반해 공급처는 계속해서 축소되고 있다는 점입니다. 공급할 수 있는 기업들이 대거 인수합병되면서 벌어진 현상입니다.

이뮤노메딕스Immunomedics가 길리어드사이언스Gilead Sciences에, 씨젠Seagen이 화이자Pfizer에, 시나픽스Synaffix가 론자Lonza에, 이뮤노젠Immunogen이 애브비AbbVie에, 앰브릭스Ambrx가 존슨앤존스J&J에 인수되는 등 ADC 플랫폼 업체의 인수합병이 활발하게 이어지고 있습니다.

ADC 시대를 연 엔허투의 성공

ADC가 항암 분야에서 가장 주목받는 모달리티가 된 데는 바로 엔허투ENHERTU가 가장 큰 영향을 미쳤습니다. 2000년 화이자의 마일로타그Mylotarg가 첫 ADC 신약으로 승인을 받았지만 큰 주목을

끌지 못했습니다. 오랜 공백기를 지나 2019년 기존과는 차별화된
ADC 치료제 엔허투가 출시되면서 다시 시장의 관심이 높아진 것
입니다. 항체 약물 결합체라는 ADC의 기본구조가 부작용을 최소화
하면서 항원을 정확히 공략할 수 있는 최적화된 플랫폼으로 재평가된
이후, 빅파마들이 본격적으로 ADC 기술 확보에 뛰어들었습니다.

(단위 : $m)

Brand Name	Generic Name	Company	Target	Indication	2023 Sales	Peak Sales	FDA Approval Date	First Patent Expiry
Mylotarg	gemtuzumab ozogamicin	Pfizer	CD33	Leukemia			May-00	
Adcetris	brentuximab vedotin	Pfizer	CD30	Lymphoma	1,696	2,100	Aug-11	33 년
Kadcyla	trastuzumab emtansine	Roche/ImmunoGen	HER2	Breast	2,190	2,200	Feb-13	23 년
Besponsa	inotuzumab ozogamicin	Pfizer	CD22	Leukaemia	236	270	Aug-17	30 년
Lumoxiti	moxetumomab pasudotox	Astrazeneca	CD22	Leukaemia			Oct-18	33 년
Polivy	polatuzumab vedotin	Roche	CD79	Lymphoma	932	2,620	Oct-19	28 년
Padcev	enfortumab vedotin	Pfizer/Astellas	NECTIN4	Bladder	715	3,500	Dec-19	31 년
Enhertu	trastuzumab deruxtecan	AZ/Daiichi Sankyo	HER2	Breast, NSCLC	2,778	12,500	Dec-19	31 년
Trodelvy	sacituzumab govitecan	Gilead	TROP2	TNBC, Urothelial	1,063	4,000	Apr-20	32 년
Blenrep	belantamab mafodotin	GSK	BCMA	Multiple Myeloma	45	45	Aug-20	32 년
Zynlonta	loncastuximab tesirine	ADC Therpeutics	CD19	Lymphoma	95	500	Apr-21	33 년
Tivdak	tisotumab vedotin	Pfizer/Genmab	TF	Cervical	115	1,300	Sep-21	32 년
Elahere	mirvetuximab soravtansine	ImmunoGen	Folate R	Ovarian	326	2,000	Nov-22	34 년
합계					10,191	31,000		

자료: 교보증권 리서치센터

FDA 승인받은 ADC 치료제 목록

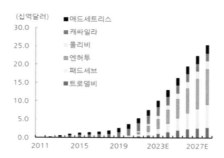

자료: GlobalData, 하이투자증권

주요 ADC 매출 추이

보유 기술과 경쟁력

ADC 작용 기전

ADC는 타깃을 찾아가는 항체Antibody와 그 타깃을 공격하는 약물Drug, 항체와 약물을 연결하는 링커Conjugate로 구성되어 있습니다. 항체의 장점과 화학항암제의 장점만을 도입한 것이 특징으로 이 둘을 링커로 연결한 구조입니다.

다음 〈그림〉을 보면, Y자 형태로 생긴 ADC가 빨간 색깔의 약물을 달고, 표적하는 항원과 결합하는 모습을 관찰할 수 있습니다. 결합 후에 세포 내로 들어가게 되는데, 이때 비눗방울 모양의 엔도좀이 형성되고, 그 안의 분해효소에 의해 항체와 약물을 연결한 링커가 분리됩니다. 항체는 효소에 의해 분해되고 약물만 남아 암세포의 미소세관 합성을 저해하거나 혹은 DNA를 파괴해 암세포를 사멸하게 됩니다. 이것이 ADC의 기전입니다.

ADC의 작용 원리

3세대 ADC의 정밀 약물 전달 기술

1세대 ADC는 항체의 아미노산Lysine에 약물을 결합했는데, 항체 내 Lysine 수가 90개 이상이다 보니 항체에 대한 약물 결합 수 조절이 어려워 독성 문제가 발생했습니다. 2세대는 4개의 Cysteine 이황화결합 부위에 8개의 약물이 결합하도록 개발되어 약물의 효과와 부작용 조절이 가능해졌습니다. 이처럼 엔허투는 8개까지 약물을 결합할 수 있습니다. 1세대 ADC와는 달리 DARDrug-Antibody Ratio, 항체 1개당 약물 개수 편차가 적고, 약물을 목표량만큼 충분히 투약하기에 유리한 기술입니다.

3세대 ADC로 발전하면서 항체당 약물의 개수를 조절할 수 있게 되었고, 따라서 부작용도 더욱 개선되었습니다. 스캐폴드지지대를 사용해 위치 특이적으로 약물이 결합하는 방법을 적용한 것이 특징적입니다. 리가켐바이오가 여기에 해당합니다.

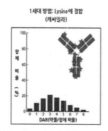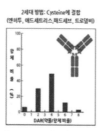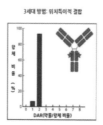

자료: Mirchandaney et al. - EVERCORE ISI (2021), Kurdirka et al. -American Pharmaceutical Review (2015), 하이투자증권

결합 방법-DAR(Drug Antibody Ratio, 항체 1개당 약물 개수) 편차와 관련

리가켐바이오사이언스의 링커 플랫폼 '콘주올'

리가켐바이오사이언스는 스캐폴드에 약물을 연결하는 '콘주올ConjuALL'이라는 3세대 플랫폼 기술을 갖고 있습니다. 혈중에서 안정적인 절단형링커를 사용해 약효와 안전성을 동시에 개선했을 뿐만 아니라, Extra CAAX body가 부착된 항체에 프레닐기지지대를 결합한 후 링커를 결합해 혈중 안정성을 높였습니다. 프레닐기 Extra CAAX body를 사용해 항체를 손상시키지 않으면서 일정하게 부착하기 때문에 수율과 약효가 일정한 장점을 갖고 있습니다.

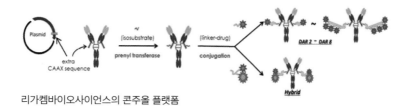

리가켐바이오사이언스의 콘주올 플랫폼

특히 PBD 프로드럭prodrug ADC 기술은 약물을 일정한 조건이 되었을 때 특정 암세포 안에서만 작용할 수 있도록 컨트롤하는 것이 특징입니다. 만약 정맥주사로 ADC를 투여했는데 암세포가 아닌 혈관 내에서 터진다면 심각한 부작용이 발생하면서 환자가 사망에까지 이를 수 있습니다. 따라서 특정한 조건에서만 암세포를 사멸하는 것이 핵심기술인데, 독신의 활성을 의도대로 조절할 수 있게 설계되었습니다. 결과적으로 TI치료지수, 유효 용량과 부작용이 나타나는 용량 간의 차이와 생산성은 높아지고, 독성은 낮아졌다고 요약할 수 있습니다.

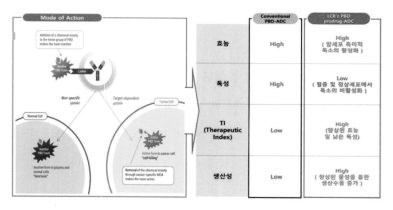

리가켐바이오사이언스의 PBD 프로드럭 ADC 기술

혈중 링커 절단효소 분포와 안전성 우위

다음 그래프는 혈중에 링커를 절단하는 효소의 발현량을 나타낸 것입니다. 혈중에서 링커가 절단되면 어떻게 될까요? 절단과 동시에 약물이 작용하게 됩니다. 혈중 효소는 캐셉신과 글루크로니다아제 등이 존재하는데, 리가켐바이오의 링커는 글루크로니다아제에 의해 분해됩니다. 글루크로니다아제가 혈중에 적다면 링커가 끊어질 가능성도 자연스럽게 낮아집니다. 글루크로니다아제는 경쟁사 시젠화이자이 사용하는 효소 캐셉신 대비 혈중 농도가 1/20 수준으로, 상대적으로 안정성이 높다는 근거가 됩니다.

엔허투와 임상1상 결과를 간접 비교한 안전성 데이터를 보면, 리가켐바이오의 'LCB14'가 치료 효과는 유사하지만 부작용 등 안전성 측면에서 우월할 가능성이 높다는 것을 알 수 있습니다.

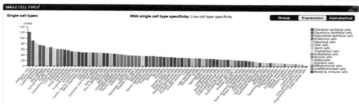

링커 절단 효소인 캐셉신과 글루크로니다아제의 혈중 발현량

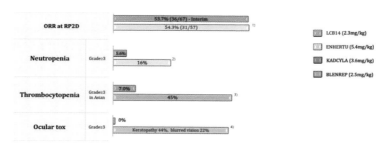

LCB14의 높은 안전성

ADC 약물 현황을 보면, 2023년 이후 빅파마가 외부에서 도입한 ADC 파이프라인의 페이로드는 국소이성질화효소Topoisomerase, TOPO 저해제의 비중이 높은 것을 알 수 있습니다. 최근 에이비엘바이오가 이중항체 ADC를 개발하면서 페이로드로 TOPOi를 사용

일시	Licensee	Licensor	Name	Target	Linker	Payload
24.01.08	J&J	Ambrx	ARX517	PSMA	Non Cleavable PEG	MMAF
24.01.02	Roche	MediLink Thx	YL211	cMET	enzyme/cleavable	-
23.12.26	J&J	LigaChem	LCB-84	TROP-2	enzyme/cleavable(β-glucuronide)	MMAE
23.12.11	BMS	SystImmune	BL-B01D1	EGFR・HER3	cleavable(A cathepsin B)	TOPOi
23.11.06	BMS	Orum	ORM-6151	CD33	enzyme/cleavable(β-glucuronide)	GSPT1
23.12.20	GSK	Hansoh	HS-20093	B7-H3	Undisclosed	TOPOi
23.10.20	GSK	Hansoh	HS-20089	B7-H4	Undisclosed	TOPOi
23.10.19	MSD	Daiichi Sankyo	U3-1402	HER3	enzyme/cleavable	TOPOi
23.10.19	MSD	Daiichi Sankyo	DS-7300	B7-H3	enzyme/cleavable	TOPOi
23.10.19	MSD	Daiichi Sankyo	DS-6000	CD-H6	enzyme/cleavable	TOPOi
23.10.18	BioNTech	MediLink Thx	YL202	HER3	enzyme/cleavable	TOPOi
23.08.07	BioNTech	Duality Bio	DB-1305	TROP-2	enzyme/cleavable	TOPOi
23.06.29	Eli Lilly	Emergence Thx	ETx-22	Nectin-4	enzyme/cleavable(β-glucoronide)	TOPOi
23.05.08	EISAI	Bliss Bio	BB-1701	HER2	-	Tubulin inhitor
23.04.03	BioNTech	Duality Bio	DB1303	HER2	enzyme/cleavable	TOPOi
23.02.23	Astrazeneca	KYM Bioscience	CMG-901	CLDN 18.2	Undisclosed	MMAE

2023년 이후 빅파마가 외부에서 도입한 ADC 파이프라인의 페이로드는 TOPOi가 대부분

하겠다고 발표한 것도 이러한 추세를 반영한 것으로 TOPOi가 대세임을 알 수 있습니다.

글로벌 빅파마와 대규모 기술이전

리가켐바이오사이언스는 국내에서 기술수출을 가장 많이 한 바이오텍으로 알려져 있습니다. 얀센과 2조2,400억원, 암젠과 1조6,050억원의 기술이전을 완료했고, 2024년 일본의 오노약품공업과도 계약을 체결하는 등 총 누적 83억달러를 상회하는 기술수출 실적을 기록하고 있습니다.

	계약 상대방	계약의 개요	계약체결일	선급금	계약금액
ADC — Product 기술이전	Ono Pharmaceutical	LCB97(L1CAM-ADC)/글로벌판권	2024년 10월	비공개	9435억원
	Janssen	LCB84(TROP2-ADC)/글로벌판권	2023년 12월	1300억원	2조 2400억원
	Iksuda	LCB14(HER2-ADC)/중국제외 글로벌판권	2021년 12월	비공개	1조 1864억원
	CStone	LCB71(ROR1-ADC)/글로벌판권	2020년 10월	11,276	4099억
	Iksuda	LCB73(CD19-ADC)/글로벌판권	2020년 05월	6,132	2784억
	Fosun Pharma	LCB14(HER2-ADC)/중국판권	2015년 08월	비공개	209억
Platform 기술이전	Ono Pharmaceutical	ADC 원천기술	2024년 10월	비공개	비공개
	Amgen	ADC 원천기술	2022년 12월	비공개	1조 6050억
	SOTIO Biotech	ADC 원천기술	2021년 11월	비공개	1조 2127억
	Iksuda	ADC 원천기술	2020년 04월 / 2021년 06월	비공개	9200억
	Millenium Pharma (Takeda)	ADC 원천기술	2019년 03월	비공개	4548억
Small molecule	브릿지바이오	BBT-877(ATX inhibitor)	2017년 05월	20억	300억
	Haihe Bio	Delpazolid(옥사졸리디논계 항생제)/중국판권	2016년 12월	6억	240억
	GC녹십자	Nokxaben(FXa inhibitor)	2009년 06월	비공개	비공개

리가켐바이오사이언스의 기술이전 내역(출처: 리가켐바이오사이언스)

향후 전망 및 투자 가치

글로벌 경쟁력을 보유한 여러 임상 파이프라인

임상 파이프라인을 보면 LCB14는 중국 기업인 포순제약이 중국에서 임상3상을 진행 중입니다. 유방암을 적응증으로 임상3상을 완료하고 2025년 신약 신청 단계에 들어갈 예정입니다.

LCB14는 고형암을 대상으로 중국 임상2상도 진행되고 있습니다. LGB14의 글로벌 판권은 익수다IKSUDA Therapeutics가 갖고 있으며, 현재 임상1상 진행 중으로 글로벌 판권 재이전을 추진 중에 있습니다. 또한 존슨앤존슨에 기술이전한 고형암 임상1상 LCB84Trop2-MMAE의 가치가 상승하고 있고 이 외에도 LCB71은 2024년 미국혈액학회ASH에서 경쟁력을 입증하면서 best-in-class 기대감이 높아졌습니다.

리가켐바이오사이언스의 ADC 파이프라인

월드 ADC 학회 연속 수상

ADC 분야에서 가장 큰 행사라고 할 수 있는 월드 ADC 어워드 2024에서 '베스트 ADC 플랫폼 기술' 부문 최고상인 위너WINNER에 선정되었습니다. 동사는 2022년을 제외하고 6회 연속 수상하며 전 세계적으로 ADC 플랫폼 기술력을 인정받고 있습니다.

연도	Best ADC 플랫폼		Best 신약 개발사	
	Winner	Runner-Up	Winner	Runner-Up
2018년	Sutro	LigaChem	Bicycle	Sutro
2019년	Zymeworks	LigaChem	ADC Therapeutics	Zymeworks
2020년	Synaffix	LigaChem	Sutro	Mersana
2021년	LigaChem	Synaffix	Silverback	Macrogenics
2022년	Synaffix	Catalent	Iksuda	Exelixis
2023년	LigaChem	Catalent	Exelixis	Duality
2024년	LigaChem	Catalent	Duality	ProfoundBio (Genmab)

월드 ADC 어워드 역대 수상자

차세대 ADC 개발: AIC와 ADIC로 치료영역 확장

ADC가 대부분 항암치료제로 연구개발 되고 있는데, 최근에는 면역조절 치료제와 이중 특이적 치료제로도 개발이 진행 중입니다. 링커에 면역조절제를 결합한 AIC, 약물과 면역조절제를 동시에 링커로 결합한 ADIC가 콘주올 플랫폼의 차세대 ADC로 연구되고 있습니다. 기존의 항암 ADC 한계를 극복하고 다양한 영역으로 확장하기 위한 노력입니다. 업계에서는 이 외에도 단백질분해제TPD, RNA억제제 등을 링커에 결합하는 시도가 이루어지고 있습니다.

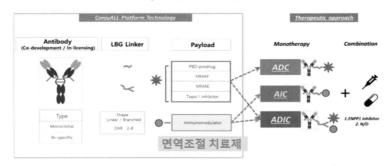

차세대 ADC - 면역조절 치료제와 이중 특이적 치료제

Target	내용	비고
1 세대	Traditional Chemotherapeutics Drugs	
2 세대	Tublin Inhibitors	Auristatin(MMAE,MMAF), DM1/DM4 등
3 세대	DNA Damage Payloads	Topoisomerase 1 Inhibitor(topotecan, irinotecan, belotecan, deruxtecan, ~tecan 포함)
Ongoing Research	Immuno Payloads, PROTAC, RNA Inhibitors	TLR Agonists, Sting Agonists

자료: 교보증권 리서치센터

ADC의 발전 추이와 전망

2026년 이후 후기 임상 급증과 신약개발 기대

다음 〈그림〉에서 빨간색으로 표시한 박스를 보면 동사는 2025년까지 포순제약이 진행하고 있는 임상을 제외하면 글로벌 임상1상 5개를 진행하게 됩니다. 아직 대부분 글로벌 임상1상 단계입니다. 그러나 2026년, 2027년으로 다가갈수록 후기임상이 급격히 늘어나다 2031년에는 신약 4~5개, 임상3상 10개, 임상2상 10개를 보유한 빅바이오텍으로 성장한다는 비전을 갖고 있습니다.

Stage of Development	2024	2025	2026	2027	2028	2029	2030	2031	2032
Phase 1	5	> 5	> 6	> 8	> 9	> 10	> 10	> 10	> 10
Phase 2	1	1	5	6	> 10	> 10	> 10	> 10	> 10
Phase 3	-	1	1	2	5	> 7	> 8	> 10	> 10
BLA Submitted	-	1	-	-	-	-	3	> 3	> 3
Marketed	-	-	1	1	1	1~2	2~3	4~5	> 5
Total	6	> 8	> 13	> 15	> 20	> 25	> 30	> 35	> 40

리가켐바이오의 임상단계별 파이프라인 개수 전망(출처: 리가켐바이오)

빅바이오텍 성장 잠재력 보유

리가켐바이오사이언스는 바이오텍이 성공하기 위한 가장 중요한 요소인 시장의 신뢰성을 얻고 있을 뿐만 아니라 자금력과 기술력도 겸비한 유망 기업입니다. 내부적으로 신약을 확보하기 위한 연구개발에 집중하는 동시에 지속적인 기술수출로 성장을 강화해나가고 있습니다. 아직은 초기 단계의 임상이 대부분이지만 글로벌 기술 경쟁력, 꾸준한 기술수출, 풍부한 자금력 등을 고려할 때 빅바이오 텍으로의 성장 가능성을 기대하고 장기적인 투자가 가능한 기업 중 하나라고 볼 수 있습니다.

동사는 지금까지 약 83억달러 규모의 기술수출을 기록하며 성장 기반을 다져왔습니다. 기술력을 고려할 때 이 중 상당 부분의 마일스톤 유입을 기대해볼 수 있습니다. 2025년 엔허투보다 부작용이 적은 유방암치료제 LCB14 중국 신약승인 신청이 예상되며, 중국 제외 전 세계 판권을 보유한 익수다가 빅파마와 서브 기술이전 계약을 추진하고 있어 기대됩니다. 또한 2025년 상반기 LCB84의 글로벌 임상1상 데이터 발표 결과에 따라 존슨앤존슨의 자회사 얀센이 리가켐에 계약금을 더 지불하고 단독개발 옵션을 행사할지 주목됩니다.

2030년 리가켐바이오사이언스가 글로벌 ADC 시장을 리드하는 빅바이텍으로 성장해 있을지 몹시 기대되는 이유입니다.

투자 전 체크포인트!

리스크 점검

- ☑ 주요 파이프라인들은 글로벌 임상초기 단계, 임상중기 단계, 임상2상 단계에서 치료 효과와 안전성을 추가로 확인할 필요 있음

- ☑ 소유와 경영의 분리에서 발생할 수 있는 내부적 마찰은 연구개발 추진력을 떨어뜨릴 수 있음

투자 전략

- ☑ 플랫폼 기술 콘주올을 바탕으로 누적 기술수출 83억달러 달성

- ☑ LCB14 임상결과와 2025년 존슨앤존슨의 옵션 행사에 따른 약 2,600억원 규모의 마일스톤 유입 시 기업가치 상승

- ☑ 추가 기술수출 기대

- ☑ 중장기적으로 매년 1,000억원의 연구개발 자금을 투입해 4~5개 best-in-class/first-in-class 물질 발굴, 5년 내 임상파이프라인 30개를 보유한 빅바이오텍으로 성장 비전

정맥주사를 피하주사로-
제형변경 기술의 혁신, 알테오젠

기업 개요

*2025년 1월 3일 16시 10분 기준

현재주가(원)	318,500
시가총액(억원)	16.9
52주 최고가(원)	455,500
52주 최저가(원)	70,500
주주구성	박순재 외 5인 24%
상장일	2014년 12월

213

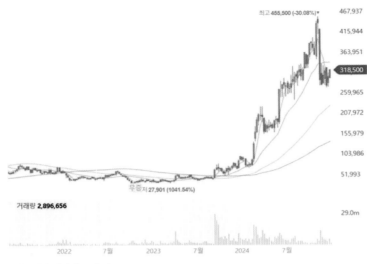

알테오젠의 네이버 증권 차트

기술력과 글로벌 수요가 이끈 상승세

알테오젠은 2008년 5월에 설립되어 2014년 12월 기술특례로 상장된 코스닥 바이오 기업입니다. 약물전달 기술을 보유한 국내 주요 바이오기업으로, 시장에서 큰 주목을 받고 있습니다. 피하주사 제형변경 기술을 통해 약물전달의 효율성과 환자의 편의성을 높이고 있습니다.

글로벌 제약사들은 블록버스터 의약품의 특허만료에 대비하기 위해 에버그리닝 전략을 사용하는데, 경쟁자들의 추격을 뿌리치기 위한 수단으로 피하주사 제형 치료제 개발에 대한 수요가 점차 증가하고 있습니다. 알테오젠은 정맥주사 제형을 피하주사 제형으로 변경하는 ALT-B4 특허를 보유한 글로벌 기업으로 성장해가고 있습니다.

다양한 약물 전달 플랫폼 기술 보유

회사의 핵심 기술은 하이브로자임Hybrozyme™이라는 약물 전달 플랫폼 기술로, 기존의 정맥주사 형태의 약물을 피하주사 형태로 변경할 수 있는 독보적인 기술입니다. 또한 넥스맵NexMab™, 항체-약물 접합 기술과 넥스피NexP™, 체내 약물의 지속성을 증가시키는 기술로 구성된 다양한 바이오 플랫폼 기술을 보유하고 있습니다. 특히, 하이브로자임 기술은 재조합 인간 히알루로니다제 ALT-B4를 혼합해 약물을 정맥주사 형태에서 피하주사 형태로 변환하는 데 사용되며, 이를 통해 투여 시간을 대폭 단축하고 환자의 편의성을 크게 향상시킬 수 있습니다.

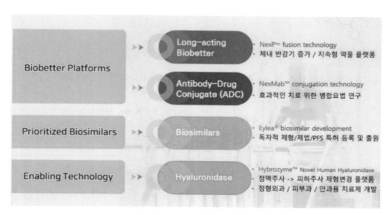

알테오젠의 약물 전달 플랫폼(출처: 알테오젠 IR 자료)

보유 기술과 경쟁력

정맥 대신 피하로, 환자 편의성 극대화하는 ALT-B4

ALT-B4는 기존 정맥주사 제형을 피하주사로 전환할 수 있는 첨단 약물 전달 플랫폼입니다. 정맥주사에는 환자가 병원에서 수 시간 동안 정맥에 바늘을 꽂고 주사를 맞아야 하는 불편함과 감염 위험, 그리고 높은 의료비용이 수반됩니다. 반면, 피하주사는 5분 내외의 짧은 투여 시간과 자가 주사가 가능하다는 장점이 있습니다. 이는 환자 편의성을 크게 향상시켜 줍니다. ALT-B4는 피하조직의 히알루론산을 분해해 미세한 구멍을 만들고, 치료제를 이 구멍으로 전달해 효율적인 약물 흡수를 돕습니다.

ALT-B4의 작동 방식은 정자가 난자에 침투할 때 사용하는 효소의 작용과 유사합니다. 정자가 난자의 막을 뚫고 들어가듯, ALT-B4는 효소 작용을 통해 피하조직의 히알루론산을 분해해 길을 만들면, 치료제가 이 길을 따라 조직에 전달되는 방식입니다. 이러한 원리를 통해 기존 정맥주사 대비 효율적이고 간편한 투여가 가능합니다.

ALT-B4의 차별화된 혁신과 성능

ALT-B4는 현재 미국 할로자임Halozyme Therapeutics, Inc이 독점하고 있는 인간 히알루로니다제 PH20의 대체 기술로 개발되었습니다. 할로자임의 PH20이 세계 최초로 개발된 피하주사용 히알루로니다제로서 시장을 선점하고 있었지만, 알테오젠의 ALT-B4가 PH20과 Hyal1이라는 히알루로니다제를 기반으로 구조 교환 재결합 기술을 통해 새로운 재조합 단백질을 설계함으로써 특허를 확보하게 되었습니다.

ALT-B4는 PH20보다 열 안정성, 면역원성, 발현율, 효소활성도에서 우수한 것으로 평가받고 있습니다. 300여개의 구조 교환 모델을 바탕으로 발굴된 ALT-B4는 인간 유래 물질로 구성되어 면역 반응을 최소화하며, 대량 생산이 가능한 높은 발현율이 장점입니다. ALT-B4의 개발 과정에서 도입된 DNA 발현 기술은 쥐 난자세포와 같은 동물 세포에서 높은 효율로 단백질을 생산해 비용 절감과 생산성 향상을 가능하게 만들었습니다.

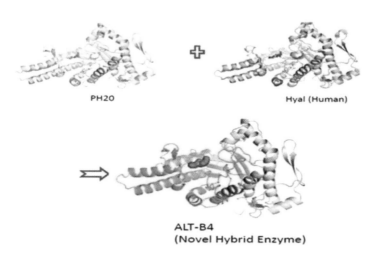

PH20과 Hyal1 을 융합한 재조합 단백질 ALT-B4(출처: 알테오젠 IR 자료)

비독점적 계약으로 시장 진입 기회 확대

현재 글로벌 바이오의약품 시장은 정맥주사에서 피하주사SC로 제형을 변경하는 흐름이 지속되고 있습니다. 고용량 의약품을 SC 제형으로 개발하면 환자의 치료 시간을 줄이고, 자가 주사가 가능해져 투약 편의성과 의료비용 절감이라는 2가지 측면에서 큰 장점을 제공합니다. 이는 바이오시밀러와 신약 모두에 적용 가능합니다. 따라서 SC 제형으로의 전환은 향후 지속적으로 성장할 주요 바이오 트렌드로 꼽히고 있습니다.

정맥투여 vs. 피하투여 비교

약물투여방식	장점	단점
정맥투여 (Intravenous)	· 약물의 정확한 투여량 및 투여율 제어 가능 · 빠른 노출 · 최소 부피의 제약(1 to 100+ml) · 자극 물질로부터의 주사 부위 반응율 감소	· 훈련된 의료진의 관리 필요 · 피하 투여에 비해 비용 증가 · 준비 및 주입에 시간 많이 소요됨 · 바늘 삽입의 어려움
피하투여 (Subcutaneous)	· 환자가 쉽게 자가투여(Self-administration) 가능 · 환자의 순응도(Compliance) 향상 · 삶의 질 향상 · 비용 절감 · 비 경구 투여 시 통증이 가장 적음 · 전신 감염 위험이 낮음 · 가능한 많은 주사 부위를 사용하여 투여 가능	· 용량 제한(1~2ml 미만) · 주사부위에서 치료 단백질의 분해 · 국소 부작용 유발 가능 · 용량의 변동성 커짐

자료: Current Opinion in Molecular Thrapeutics, 한화투자증권 리서치센터

정맥투여 vs 피하투여

경쟁자 할로자임이 항원별 독점계약 방식으로 제약사와 계약을 맺었다면 알테오젠은 비독점적 계약 방식을 채택해 시장 진입의 기회를 확대했습니다. 이러한 계약 구조는 다양한 항원에 대해 여러 회사와 계약을 체결할 수 있다는 장점이 있습니다. 경쟁사인 할로자임의 독점적 계약 방식과 대조적으로 계약 상대방의 치료제 효능이

나 개발 의지에 따른 상업화 불확실성을 최소화할 수 있습니다.

또한 알테오젠은 기술수출 시 원료의 글로벌 공급권을 보유하고 있어 상업화 성공 시 원료 매출이라는 추가적인 수익도 기대할 수 있습니다. 이는 기술 사용료를 넘어서는 매출과 수익을 창출할 수 있는 구조입니다.

ALT-BB4

알테오젠의 ALT-BB4, 상업명 테르가제Tergase는 ALT-B4를 기반으로 한 재조합 인간 히알루로니다제 치료제입니다. ALT-B4를 다른 약물과 혼합하지 않고 단독 치료제로 안과, 신경외과, 마취과 등에서 국소 마취제의 흡수촉진, 부종 감소, 약물의 체내 확산 촉진 등에 사용하는 데 순도가 높아 면역 반응 및 부작용 발생 가능성이 낮다는 것이 강점입니다.

테르가제는 안과에서 통증 완화 목적으로, 성형외과와 피부과에서 미용 목적으로 응용될 가능성이 높으며, 국내 및 글로벌 시장에서 경쟁력을 갖춘 제품으로 주목받고 있습니다.

2022년 국내 임상을 완료하고 2023년 2월 품목 허가를 신청했으며, 2024년 7월 식약처의 승인을 받았습니다. 국내 시장규모는 약 500억원으로 추정되고, 글로벌 시장은 약 1조원으로 추정됩니다. 기존의 동물 유래 히알루로니다제가 대부분을 차지하고 있는 상황에서 테르가제의 출시는 순도와 안전성에서 새로운 기준을 제시할 수 있을 것으로 예상됩니다.

글로벌 히알루로니다제 시장은 연평균 9% 성장하고 있으며, 2030년 약 13억2,690만달러에 이를 것으로 예상됩니다. 현재 미국 시장에서는 할로자임의 하일레넥스Hylenex®가 유일한 FDA 승인 재조합 인간 히알루로니다제로 미국 시장 내 처방 점유율 1위를 기록 중입니다.

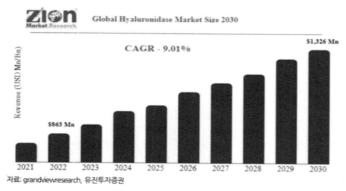

자료: grandviewresearch, 유진투자증권

글로벌 히알루로니다제 시장 추이 및 전망

ADC 블록버스터 엔허투 피하주사제형

알테오젠은 ADC항체약물결합체 엔허투 피하주사제형 개발을 위한 독점 라이선스 사용권을 부여하는 계약을 다이이찌산쿄와 체결했습니다. 총 계약금액은 3억달러이며 계약금은 2,000만달러입니다. 시판 후 로열티는 별도로 수령하게 됩니다. 엔허투는 8회에 걸쳐 다양한 암종의 적응증에 대해 혁신치료제로 승인된 의약품으로 2024년 판매액이 27.8억달러에 이르는 블록버스터입니다. 이뿐만 아니라 2030년에는 매출 10조원을 상회하는 메가 블록버스터로 성장할 전망입니다.

ADC 피하주사제형은 아직 상업화된 사례가 없습니다. 개발 성공 시 첫 ADC SC제형이라는 의미가 크며, 현재 ADC 의약품 개발 파이프라인이 급속도로 늘어나고 있어 알테오젠에 또 다른 성장 기회가 열리고 있습니다.

향후 전망 및 투자 가치

라이선스 아웃 체결 현황, 마일스톤과 로열티 수익 기대

알테오젠은 자회사인 알토스바이오로직스를 제외하고 총 7건의 글로벌 기술 수출 계약을 체결했습니다. 글로벌 제약사 사노피, 머크, 인타스, 산도즈, 다이이찌산쿄 등이 주요 계약 파트너로 이름을 올리고 있습니다. 특히 머크와의 키트루다 SC제형 개발 계약은 알테오젠의 성장동력으로 작용하고 있습니다.

키트루다 SC 제형 계약은 총 6개 품목에 대한 계약으로 시작되었으며, 2020년 체결 당시 마일스톤 잔액은 약 6억달러로 추정되었습니다. 2024년 2월 재계약을 통해 독점 사용권이 추가되면서, 사이닝 피($20M)와 추가 마일스톤($4.3억)이 더해져 계약 규모가 총 10억달러로 확대되었습니다. 더불어 마일스톤 수익뿐만 아니라 판매 로열티 유입까지 계약에 포함되면서 기업가치를 크게 끌어올렸습니다.

품목	계약 상대방	대상지역	계약체결일	총계약금액 ($mn)	수취금액 ($mn)	진행 단계
허셉틴 바이오시밀러	QiLu 제약 (중국)	중국	2017.03.29 제품출시후 10년	1.5	1.5	2025년 중국 출시 예정
지속형 인성장호르몬	Cristalia (브라질)	남미	2019.07.23 종료기간 없음	3.1	3.1	임상 2상 중
ALT-B4	글로벌 제약사 S	전세계	2019.11.29 종료기간 없음	1,373.0	16.0	2025년 개발 시작
	머크 (Merck, 미국)	전세계	2020.06.24 종료기간 없음	3,865.0	21.5	임상 3상 진행
	인타스 (Intas, 인도)	전세계 (일부 아시아 제외)	2021.01.07 제품출시후 10년	109.0 판매로열티 별도	6.0	Pivotal 임상 진입
	산도즈 (Sandoz, 스위스)	전세계	2022.12.29 종료기간 없음	145.0 판매로열티 별도	8.0	2025년 개발 시작
			2024.07.29 로열티 기간 만료일	마일스톤, 로열티 비공개		
	다이이찌산쿄 (Daiichi Sankyo, 일본)	전세계	2024.11.08	300.0 판매로열티 별도	20.0	2025년 개발 시작
아일리아 바이오시밀러	알토스 바이오로직스 (자회사)	전세계	2020.12.09 2032.12.09	80억원 Profit sharing	7억원	개발 완료

자료: 알테오젠 사업보고서(2022), 유진투자증권

알테오젠 라이선스 아웃 계약 체결 현황(출처: 알테오젠 2022 사업보고서, 유진투자증권)

키트루다 SC 제형 재계약으로 수익성 강화

2024년 2월, 머크와의 키트루다 SC제형 관련 재계약을 통해 기존 비독점 계약에서 독점 사용권이 추가되었습니다. 이에 따라 계약금 267억원(사이닝 피)과 함께 기존 마일스톤 대금이 증액되었으며, 누적 순매출 달성 이후 판매 로열티도 추가되었습니다.

계약 조건에 따른 현금 유입은 아래와 같습니다.

2024년 1분기: 사이닝 피 267억원

2024년 4분기: CMO 기술 이전료 약 500억원

2025년: FDA 신약승인 신청 및 관련 마일스톤 약 600억원

2025년 하반기~2029년: FDA 및 주요 국가 품목 허가와 관련된 마일스톤 포함, 연평균 약 3,000억원 유입

2029년 이후: 키트루다 SC제형 매출액의 일정 비율(비공개, 업계 2~4% 추정)을 로열티로 수취

비독점 계약에서 독점 사용권이 추가된 형태로 마일스톤 대금이 기존 품목당 641.5M달러에서 키트루다 품목만 1,073.5M달러로 증액되었습니다. 또한, 판매 로열티 조항이 새롭게 추가되었습니다.

		$ mn	원화 (향후 수취 금액은 1,400원/$ 가정)	
2020년 계약	총 계약금	3,865.0	5조 245억원	
	선급금(1차 및 2차 계약금) 수취	(16.0)	(208억원)	
	잔여 마일스톤(품목 6개 합산)	3,849.0	5조 37억원	
	품목 1개(키트루다 SC) 마일스톤	641.5	8,340억원	
	키트루다 SC 임상 1상 개발 마일스톤	(3.5)	(45.5억원)	2021.11 수취
	키트루다 SC 임상 3상 개발 마일스톤	(13.0)	(175.5억원)	2023.04 수취
	GMP 물질 배치 생산 완료	(2.0)	(26억원)	2022년 수취
	(1) 키트루다 SC 잔여 마일스톤	623.0	8,722억원 (품목허가 마일스톤[1] 및 순매출 마일스톤[2] 포함, 환율 1,400원/$ 적용)	
2024년 추가 계약	Singing fee	20.0	267억원	2024년 1분기 수취
	(2) 키트루다 SC 추가 마일스톤	432.0	604.8억원 (환율 1,400원/$ 적용)	(1)과 (2)를 합산 $1,055mn(약 1.48조원)하여 2026~2029년 상반기까지 연평균 $301.4mn(약 4천억원)[4] 유입 예상
	판매 로열티	1.5%로 가정	잔여 마일스톤 수취가 완료 후 2029년 하반기부터 키트루다 SC 판매액의 1.5%[5]가 로열티로 유입될 것으로 추정. 연평균 4.3천억원[6]으로 추정	
	• 마일스톤 대금 수취 이후 판매 로열티 수취 예상액 가정 근거	2029년 키트루다 SC 순매출액의 약 1.5%[5]로 예상함 머크는 2017년 BMS와 특허침해 소송에서 키트루다 매출액의 6.5% (2017~2023년) 및 2.5%(2024~2026)를 지급하기로 합의한 바 있음. 이를 감안하여 머크가 알테오젠의 SC 제형에 대한 판매 로열티를 2029년부터 1.5% 수준에서 지급하는 것은 가능할 것으로 당사는 판단함. 2030년경 키트루다 SC제형 매출액이 IV 예상 매출액(약 40.조원)의 50%까지 대체 가능할 것으로 추정하고 1.5%[5]의 판매 로열티(연간 4천억원)를 예상함 (회사는 미공개).		

자료: 알테오젠, 유진투자증권, 주: 위 표의 1~6에 해당하는 예상 유입금액은 모두 당사 추정치에 기반함

키트루다 SC 관련 선급금, 마일스톤, 로열티 등

	2024	2025	2026	2027	2028	2029	2030
상반기 일정	1H 임상 3상 완료	1H 품목 허가 상업화 물량 생산 시작					
하반기 일정	2H 품목 허가 신청	2H 출시					
키트루다IV 예상 매출액 (조원)	36.4	40.0	43.2	432	2028년 바이오시밀러 출시 후 IV 매출액 감소 예상		
SC 대체율(%)		15%	30%	50%	2028년 이후 SC 제형 매출액 유지 가정		
SC 매출액(조원)		6.0	12.9	21.6	21.6		
마일스톤 및 판매로얄티 등 수취 유형	Signing fee + CMO 기술이전 수탁 용역 수익	품목허가 마일스톤 + 판매 마일스톤	판매 마일스톤 (연간 SC 목표 매출액 및 누적 SC 목표 매출액 도달 시 유입)			판매 마일스톤 수취 완료 + 판매 로열티 유입 시작	판매 로열티
수취 예상 금액(억원)	700 억원	1,085 억원	3,192 억원	3,192 억원	3,192 억원	3,192 억원	4,300 억원

자료: 유진투자증권

마일스톤 및 판매 로열티 예상 유익앱 연도별 추정치(자료: 유진투자증권)

2026년 성장 모멘텀, 마일스톤 수익 본궤도 전망

알테오젠의 기업가치는 2026년부터 본격적으로 발생할 마일스톤 수익과 로열티 증가를 중심으로 평가되고 있습니다. 2029년까지는 연간 1,500~3,500억원씩 유입되다가 이후 2032년까지 매출이 크게 증가하고 점차 정체하는 시나리오를 가정하고 있습니다.(유진증권 매출 추정치 참고) 즉, 매출의 큰 부분을 차지하는 키트루다와 ADC가 2030년부터 크게 증가한 후 정체하는 모습입니다. 기술에 대한 높은 신뢰성에 비추어볼 때 매출 가시성이 높지만 아직 많은 시간이 남아 있고, 로열티 비율 등 중요한 변수가 공개되지 않았다는 점은 염두에 두어야 합니다. 물론 향후 추가적인 계약 여부에 따라 미래의 매출 지형이 달라질 가능성은 열려 있습니다.

2030년부터는 알테오젠의 Hyrozyme 기술이 탑재된 4개의 블록버스터 의약품이 모두 상업화됨

	2026	2027	2028	2029	2030	2031	2032	2032	2033
1. 머크									
키트루다SC 매출액($bn)	3.0	6.6	9.1	10.3	11.5	10.9	10.0	10.0	8.0
판매로얄티(1.5%) 유입($mn)		마일스톤 유입 기간			172	163	149	149	120
2. 산도즈									
바이오시밀러 ① 매출액($bn)			0.8	1.0	2.4	2.4	2.4	1.9	1.5
판매로얄티(2.5%) 유입($mn)			20	40	60	60	60	48	38
바이오시밀러 ② 매출액($bn)					0.5	2.0	3.0	4.0	4.0
판매로얄티 (2.5%) 유입($mn)					13	50	76	101	101
3. ADC SC									
ADC SC 매출액($bn)					1.1	3.6	6.5	9.8	9.8
판매로얄티(6%) 유입($mn)					67	216	324	392	392
판매로얄티 합산($mn)		키트루다SC 판매와 관련된 마일스톤 연간 1,500~3,500억원 유입 예상			311	490	609	690	651

자료: 유진투자증권 추정

2030년부터 알테오젠의 하이브로자임(Hybrozyme) 기술이 탑재된 4개의 블록버스터 의약품이 모두 상업화됨

가치평가와 고려할 주요 변수

알테오젠의 가치 평가는 다양한 가정과 모델을 기반으로 이루어지며, 주요 변수와 추정치에 따라 그 결과가 크게 달라질 수 있습니다. 특히 키트루다 매출추정, SC 전환율, 로열티 비율, 할인율 혹은 멀티플적용 배수 등이 주가에 큰 영향을 주는 변수들입니다. 애널리스트별로 주요 변수에 대한 가정이 큰 차이를 보이고 있다는 점에서 주의가 필요합니다.

밸류에이션 관련 일부 증권사에서 2030년 이후 추정매출과 이익을 현재 시점으로 현가화한 수치에 다시 높은 배수를 적용해 적정주가를 산출하고 있는데, 이런 방식은 주가 고평가 우려가 있다는 점을 강조하고 싶습니다.

미국 머크의 할로자임 MDASE 특허취소 심판청구는 키트루다 SC제형 출시 이전에 특허 문제를 명확히 하려는 전략으로 2025년

11월 이전에 심판 결과가 나올 예정입니다. 중요한 것은 심판 결과와 관계없이 할로자임이 ALT-B4 특허 침해 소송 및 키트루다 SC 판매 금지 신청을 청구할 가능성은 낮다는 점입니다. 할로자임의 MADASE 특허는 PH20 아미노산 변형체이나 ALT-B4는 PH20+Hyal1 재조합단백질로서 서로 다른 기술임이 명확하기 때문입니다.

신약개발은 크게 2가지 방향성으로 발전하고 있습니다. 첫 번째, 미충족 수요가 있는 분야에서 치료 효과와 안전성이 높은 치료제를 개발하는 것이며, 두 번째 환자의 편리성을 높이는 제형을 개발하는 것입니다. 알테오젠은 환자의 편리성을 높이는 주요 기술을 보유하고 있는 글로벌 기업입니다.

메가 블록버스터 면역항암제 키트루다와 향후 성장성이 가장 높은 ADC 치료제 엔허투의 SC제형을 개발하고 있다는 점에서 높은 가치를 부여받을 자격이 충분합니다. 그런 측면에서 현재 주가는 충분히 정당화될 수 있습니다. 만일 키트루다의 상업화가 가시화된다면 다른 빅파마와의 계약은 늘어날 가능성이 높으며 기업가치는 더욱 증가할 전망입니다.

글로벌 기술력을 보유하고 있으며, 미래의 성장성이 높다는 측면에서 중장기적 관점의 투자가 필요합니다.

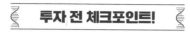
투자 전 체크포인트!

주요 이벤트

☑ 2025년 11월 이전 미국 머크의 할로자임 MDASE 특허취소 심판 결과

☑ 테르가제 상업화

☑ 키트루다 SC 임상3상 상세결과 및 상업화

☑ 추가 기술수출

렉라자 개발한
빅바이오텍 후보 기업, 유한양행

기업 개요

*2025년 1월 3일 16시 10분 기준

현재주가(원)	119,200
시가총액(억원)	95,609
52주 최고가(원)	166,900
52주 최저가(원)	57,500
주주구성	유한재단 등 23.3%
상장일	1962년 11월

5년 후 10배 오를 바이오 기업에 투자하라

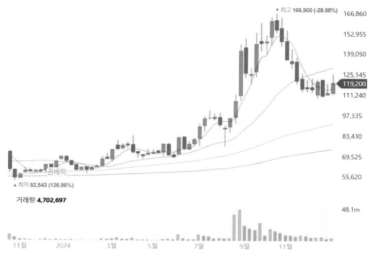

유한양행의 네이버 증권 차트

신약 상업화 기대와 함께 주가 반등

유한양행은 국내 제약업계의 선두주자로 오랜 전통과 혁신적 경영 방식을 통해 지속적인 성장 가능성을 모색하고 있는 대표적인 기업입니다. 최근 몇 년간 신약개발과 기술수출 성과를 통해 새로운 성장 모멘텀을 확보했으며, 2024년은 이러한 성과가 본격적으로 반영된 해로 평가할 수 있습니다.

전통 사업과 신약개발의 균형

유한양행은 국내 최초로 전 사원 주주제를 실시한 선구적 기업입니다. 창업주 유일한 회장은 보유 주식의 52%를 직원들에게 무상

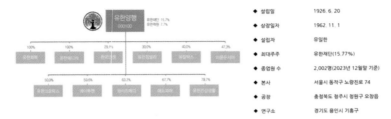

유한양행 지배 구조

으로 나눠주며 '공유와 신뢰'를 바탕으로 한 기업 문화를 구축했습니다. 1936년에 시작된 이 제도는 오늘날까지도 기업의 정체성을 이루는 중요한 토대로 남아 있습니다. 더불어, 국내 최초로 전문 경영인 제도를 도입하며 지속 가능한 경영 모델을 제시해왔습니다.

회사는 유한화학과 유한킴벌리 등 여러 관계사를 보유하고 있습니다.

안정적 매출 유지, 성장 동력 확보가 관건

최근 몇 년간 유한양행의 매출 성장률은 5% 안팎으로 낮은 편이었습니다. 기존 처방약 부문은 2% 내외의 미미한 성장률을 기록하고 있어, 혁신적 도약을 위해 신약개발과 기술수출에 더 집중해야 한다는 점을 보여주고 있습니다.

[단위 : 백만원]

구분		2021			2022			2023		
		금액	구성비	YoY	금액	구성비	YoY	금액	구성비	YoY
약품사업	비처방약(OTC)	163,654	9.7%	24.1%	195,820	11.0%	19.7%	193,702	10.4%	-1.1%
	처방약(ETC)	1,014,158	60.1%	7.6%	1,115,401	62.8%	10.0%	1,138,577	61.2%	2.1%
	연결대상매출	22,895	1.4%	67.9%	26,291	1.5%	14.8%	27,576	1.5%	4.9%
	내부매출조정	-12,966			-16,964			-20,487		
	소계	1,187,741	70.4%	9.6%	1,320,548	74.4%	11.2%	1,339,368	72.0%	1.4%
생활건강사업		210,585	12.5%	24.1%	181,279	10.2%	-13.9%	215,284	11.6%	18.8%
해외사업	수출	172,255	10.2%	12.0%	212,808	12.0%	23.5%	241,150	13.0%	13.3%
	유한화학	138,208	8.2%	11.7%	149,488	8.4%	8.2%	169,024	9.1%	13.1%
	내부매출조정	-129,200			-151,197			-168,240		
	소계	181,263	10.7%	9.8%	211,099	11.9%	16.5%	241,934	13.0%	14.6%
라이선스 수익		51,894	3.1%	-66.6%	8,745	0.5%	-83.1%	11,254	0.6%	28.7%
기타(임대, 수탁 등)		56,327	3.3%	23.6%	54,176	3.1%	-3.8%	51,144	2.8%	-5.6%
매출액		1,687,810	100.0%	4.2%	1,775,847	100.0%	5.2%	1,858,984	100.0%	4.7%
영업이익		48,596	2.9%	-42.3%	36,029	2.0%	-25.9%	56,760	3.1%	57.5%
법인세차감전순이익		126,061	7.5%	-47.5%	94,926	5.3%	-24.7%	134,540	7.2%	41.7%
순이익		99,127	5.9%	-47.9%	90,593	5.1%	-8.6%	134,032	7.2%	47.9%

※ 약품사업의 연결대상매출 : 유한메디카, 와이즈메디의 매출 포함
※ 기타 : 유한건강생활, 애드파마 매출 등 포함

유한양행의 매출 현황(2021~2023년)

과감한 R&D 투자로 미래 먹거리 준비

유한양행은 몇 년간 꾸준히 연구개발 비용을 증가시켜왔습니다. 최근 5년간 R&D 비용은 약 8,000억원에 이릅니다. 2018년 존슨 앤존슨의 자회사인 얀센에 레이저티닙Lazertinib을 기술수출한 이후 R&D에 속도를 내고 있습니다. 특히 오픈이노베이션을 통한 국내 바이오텍의 우수한 물질을 적극적으로 도입하고 있다는 점은 향후 동사의 성장 가능성을 높이는 요인입니다.

2024년은 유한양행 신약개발의 중요한 전환점으로 기록될 전망입니다. 향후 관심을 가져야 할 유한양행의 주요 임상 파이프라인 및 일정을 살펴보면, 레이저티닙과 아미반타맙 병용요법의 SC제형 개발, MARIPOSA OS전체생존기간 발표, YH35324 알러지 치료제,

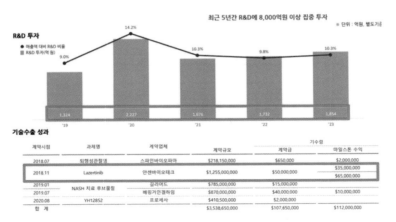

최근 5년간 R&D에 8,000억원 이상 집중 투자

R&D 투자
● 매출액 대비 R&D 비율
■ R&D 투자(억 원)

기술수출 성과

계약시점	과제명	계약업체	계약규모	기수령 계약금	마일스톤 수익
2018.07	퇴행성관절염	스파인바이오파마	$218,150,000	$650,000	$2,000,000
2018.11	Lazertinib	얀센바이오테크	$1,255,000,000	$50,000,000	$35,000,000
					$65,000,000
2019.01	NASH 치료 후보물질	길리어드	$785,000,000	$15,000,000	
2019.07		베링거인겔하임	$870,000,000	$40,000,000	$10,000,000
2020.08	YH12852	프로세사	$410,500,000	$2,000,000	
합 계			$3,538,650,000	$107,650,000	$112,000,000

최근 5년간 R&D에 8,000억원 이상 집중 투자

그리고 YH35367 면역항암제 등을 꼽을 수 있습니다.

레이저티닙+아미반타맙 SC 및 MARIPOSA OS 데이터 발표

아미반타맙 피하주사제형이 미국 FDA로부터 제조시설 문제로 보완요구서한CRL을 받음에 따라 렉라자와의 병용요법 승인도 지연이 불가피하게 되었습니다. 보완절차를 거쳐 2025년 승인될 것으로 예상합니다. FDA의 승인을 받은 아미반타맙 정맥주사 병용요법의 MARIPOSA 임상3상 임상 전체생존기간OS 데이터가 2025년 발표될 예정입니다. 경쟁약물인 타그리소tagriso 대비 전체생존 중간값이 1년 이상 더 길어 환자의 위험비율인 HR 지표가 0.75 이하로 개선 추세에 있습니다. 이는 향후 렉라자 매출 추정에 긍정적인 신호라고 할 수 있습니다.

YH35324 알러지 치료제

지아이이노베이션으로부터 도입한 물질로 현재 3건의 임상1b상이 진행 중이며, 기술이전 가능성이 있어 시장의 관심이 높은 물질입니다.

YH32367 HER2x4-1BB 면역항암제

에이비엘바이오의 이중항체를 활용한 면역항암제 YH35367 또한 기술 수출 가능성이 높아 시장의 주목을 받고 있습니다.

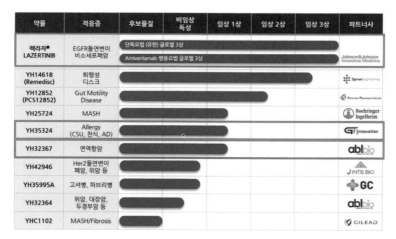

약물	적응증	후보물질	비임상 독성	임상 1상	임상 2상	임상 3상	파트너사
레라자® LAZERTINIB	EGFR돌연변이 비소세포폐암	단독요법 (유한) 글로벌 3상					
		Amivantamab 병용요법 글로벌 3상					Johnson&Johnson Innovative Medicine
YH14618 (Remedisc)	퇴행성 디스크						Spine Biopharma
YH12852 (PCS12852)	Gut Motility Disease						Poventa Pharmaceuticals
YH25724	MASH						Boehringer Ingelheim
YH35324	Allergy (CSU, 천식, AD)						GI Innovation
YH32367	면역항암						ablbio
YH42946	Her2돌연변이 폐암, 위암 등						JINTS BIO
YH35995A	고셔병, 파브리병						GC
YH32364	위암, 대장암, 두경부암 등						ablbio
YHC1102	MASH/Fibrosis						GILEAD

유한양행의 신약개발 파이프라인

보유 기술과 경쟁력

레이저티닙-아미반타맙 병용 전략으로 폐암 시장 도전장

2023년 10월 공개된 MARIPOSA 임상3상에서 LAZ+AMI의 무진행생존기간mPFS 23.7개월(HR=0.7)로, 경쟁약물인 타그리소 단독 16.6개월 대비 질병 진행 및 사망 위험을 30% 감소시켜 통계적 유의성을 확보합니다. 특히 간 전이 등 고위험 환자군 하위 분석 결과에서 LAZ+AMI 병용요법이 타그리소 단독 요법 대비 종양 진행 및 사망 위험을 더 낮추었습니다. 또한 아미반타맙 IV 제형과 SC 제형을 비교하는 PALOMA-3 임상에서 주사연관부작용, 무진행생존기간, 전체생존기간이 개선된 것으로 나타났습니다. 환자의 편리성 뿐만 아니라 치료 효과에서도 피하주사제형sc이 우수해 향후 상업화에 긍정적인 시그널로 해석됩니다. 2025년에는 LAZ-AMI SC 제형 승인과 MARIPOSA 전체생존기간 발표가 예정되어 있습니다.

레이저티닙+아미반타맙 병용요법의 임상성과와 상업화 전략에 대한 자세한 내용은 1장의 유한양행 파트를 참조해주시길 바랍니다.

존슨앤존슨이 가장 성장 잠재력 큰 의약품으로 선정한
레이-아미 병용요법

존슨앤존슨J&J이 레이-아미 병용요법에 대해 큰 기대를 갖고 있는 것으로 나타났습니다. 존슨앤존슨은 2023년 12월 〈Enterprise

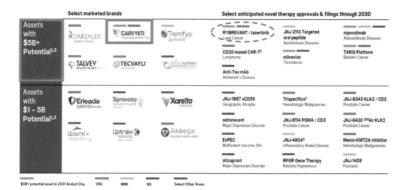

존슨앤존슨의 파이프라인별 기대 매출

Business Review〉에서 이 병용요법을 2030년 매출 50억달러 이상을 기록할 잠재력 있는 핵심 파이프라인 중 하나로 선정했습니다. 이는 레이-아미 병용요법이 존슨앤존슨의 항암제 전략에서 중요한 부분을 차지하고 있음을 보여줍니다. 비소세포폐암 치료 시장에서 타그리소의 독점적 위치에 정면으로 도전하려는 의도를 명확히 드러낸 것입니다.

2025년 ASCO미국임상학회에서 발표될 것으로 예정되는MARIPOSA 전체생존기간 데이터는 레이-아미 병용요법의 상업적 성공 여부를 결정짓는 핵심 변수로 꼽힙니다.

제2의 렉라자로 평가받는 YH35324

YH35324는 유한양행이 지아이이노베이션에서 도입한 신약후보물질로 알레르기 및 만성 두드러기 치료를 목표로 개발 중입니다. 이 물질은 알레르기 천식과 만성 두드러기 분야에서 약 5조원의 연간 매출을 기록한 블록버스터 약물 오말리주맙졸레어의 경쟁 약물로 설계되었습니다. 현재 임상1상이 진행 중이며, 초기 단계에서 오말리주맙보다 우수한 안전성과 지속적인 면역글로불린 E$_{\mathrm{IgE}}$ 억제 효과를 보이고 있어 시장의 관심이 높습니다.

YH35324의 작용 기전을 살펴보면 알레르기 반응과 염증을 유발하는 핵심 요소인 히스타민 분비를 억제하는 방식으로 작용합니다. 히스타민은 비만세포에서 분비되는데 이 과정에서 면역글로불린 E와 자가항체가 기폭제 역할을 합니다. 비만세포 표면의 수용체가 면역글로불린 E나 자가항체와 결합하면 비만세포가 활성화되면서 히스타민이 분비되어 알레르기와 두드러기 증상이 유발됩니다.

YH35324는 면역글로불린 E와 자가항체가 비만세포의 수용체와 결합하지 못하도록 차단하는 역할을 하는데요, 이 약물은 면역글로불린 E와 자가항체에 모두 결합할 수 있는 2개의 작용기를 가지고 있어 두 물질이 수용체에 결합하기 전에 미리 억제할 수 있습니다. 결과적으로 히스타민 분비를 줄이고 알레르기와 두드러기 증상을 완화하게 됩니다.

YH35324는 이중융합 단백질로 설계되었는데 약물의 중심부인 힌지 영역은 약물의 안정성을 높이고, 부작용을 줄이는 역할을 합니다. 또한 Fc몸체 부위는 다양한 생물학적 기술을 활용해 설계되었으며, 치료 효과를 극대화하도록 조합되었습니다.

YH35324의 경쟁력과 구조적 차별화

YH35324는 면역글로불린 E 수치가 높은 경증 알레르기 질환 환자를 대상으로 임상1b상을 진행 중입니다. YH35324와 기존 블록버스터 약물인 오말리주맙을 비교하는 방식으로 설계되었으며, 단 회 투여 후 안전성, 내약성, 약동학, 약력학적 특성을 평가하고 있습니다. 면역글로불린 E 수치가 700 IU/mL 이상으로 상승한 환자들만을 대상으로 진행되며, 이는 알레르기 질환 치료제의 효과와 안전성을 입증하기 위한 초기 단계라고 볼 수 있습니다.

임상1a상의 결과에 따르면 YH35324는 단 회 투여에도 신속하

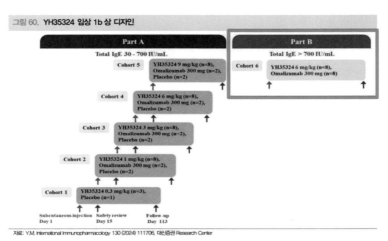

YH35324 임상1b상 디자인

고 완전한 면역글로불린 E 억제 효과를 보여주었으며, 이 효과는 약 15일간 지속되었습니다. 특히 기존 치료제인 오말리주맙과 비교했을 때 더 높은 면역글로불린 E 중화 능력을 입증하며 경쟁약물 대비 우수한 치료 잠재력을 확인했습니다.

YH35324는 오말리주맙과의 비교에서도 부작용 측면에서 경쟁력을 보이고 있습니다. 초기임상 단계임에도 부작용 빈도가 상대적

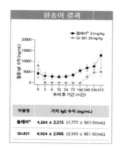
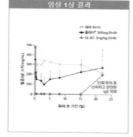

YH35324 임상1b상 결과

표 26. **YH35324 임상 1b 상 결과: 졸레어 대비 부작용 낮음**

환자수 (%)	YH35324	Omalizumab	Placebo	All subjects
Part A	n = 35	n = 8	n = 9	n = 52
TEAE	13 (37.1)	4 (50.0)	3 (33.3)	20 (38.5)
Drug–related TEAE	3 (8.6)	3 (37.5)	1 (11.1)	7 (13.5)
심각한 TEAE (아낙필라시스, 사망 등)	0 (0.0)	0 (0.0)	0 (0.0)	0 (0.0)
주사 반응 TEAE	2 (5.7)	0 (0.0)	1 (11.1)	3 (5.8)
Part B	n = 8	n = 8	–	n = 16
TEAE	8 (100)	2 (25.0)	–	10 (62.5)
Drug–related TEAE	1 (12.5)	2 (25.0)	–	3 (18.8)
심각한 TEAE (아낙필라시스, 사망 등)	0 (0.0)	0 (0.0)		0 (0.0)
주사 반응 TEAE	0 (0.0)	1 (12.5)		1 (6.3)

자료: Y.M. International Immunopharmacology 130 (2024) 111706, 대신증권 Research Center

YH35324 임상1b상 결과

으로 낮아 안전성 프로파일이 우수하다는 점이 확인되었습니다. 이러한 결과는 알레르기 치료제 시장에서 YH35324의 상업화 가능성을 높이는 중요한 지표로 평가됩니다.

향후 전망 및 투자 가치

향후 투자 포인트

아미반타맙SC의 미국 FDA 승인이 제조 문제로 불발되어 일정이 지연되었지만 승인에 큰 문제는 없을 것으로 예상됩니다. 레이-아미SC 병용요법은 환자의 편리성을 크게 개선하는 것은 물론, 치료 효과에서도 정맥주사형 병용요법 대비 우월함을 보여 향후 렉라자 매출 확대에 속도를 더할 것으로 기대됩니다.

또한 2024년 세계폐암학회에서 MARIPOSA 임상3상의 전체생존기간 데이터가 시간이 경과할수록 개선되고 있는 것으로 확인되어 기대감을 높이고 있습니다. 발표된 데이터를 보면, 이전 위험비율HR이 0.80에서 0.77, 그리고 2025년 초 0.75 이하로 떨어지고 있다고 발표해 환자의 위험이 더욱 개선되고 있다는 것을 확인한 바 있습니다. 2025년 미국임상종양학회ASCO에서 발표될 최종 데이터가 기대되는 상황이며, 타그리소와 경쟁에서 시장 점유율을 더욱 확대할 수 있는 근거로 작용할 수 있습니다.

멀티 블록버스터 개발이 기대되는 기업

유한양행은 국내 첫 미국 FDA 승인 블록버스터 가능성이 높은 항암제를 개발한 기업입니다. 매출액과 미래의 현금흐름은 앞에서 살펴본 SC제형 병용요법의 승인과 MARIPOSA 전체생존기간에 따라 달라질 전망입니다. 가정에 따라 매출의 크기는 달라지겠지만 블록버스터라는 사실에는 변함이 없습니다.

향후 렉라자미국 상품명 LAZCLUZE로부터 유입되는 현금은 유한양행의 R&D 활동을 더욱 강화할 것으로 예상됩니다. 또한 국내외 바이오텍과의 오픈이노베이션도 더욱 활성화될 전망입니다. 블록버스터 항암제를 개발한 경험과 향후 유입될 풍부한 자금은 유한양행의 신뢰도를 높여 가능성 높은 외부 신약물질의 유입을 더욱 가속화할 것입니다. 내부개발 물질보다 외부로부터 유입된 물질의 신약개발 성공 가능성이 2배 이상 높다는 맥킨지 통계는 유한양행의 성장성을 더욱 밝게 만듭니다.

렉라자 성공을 기반으로 펼쳐질 유한양행의 오픈이노베이션 전략과 확장적 연구개발 활동은 제2, 제3의 렉라자 개발로 이어져 유한양행이 멀티 블록버스터를 보유한 빅바이오텍으로 성장할 가능성을 높여줍니다. 2장에서 만났던 빅바이오텍 3사가 거쳤던 바로 그 과정입니다.

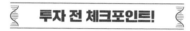

투자 전략

- ☑ 레이저티닙+아미반타맙SC 미국 FDA 승인
- ☑ MARIPOSA 전체생존기간 발표: 존슨앤존슨의 상업화 속도 결정 변수, 가치 상향 조정
- ☑ 추가 기술수출

자가면역질환 치료제 개발의
핵심 플레이어, 한올바이오파마

기업 개요

*2025년 1월 3일 16시 현재

현재주가(원)	40,100
시가총액(억원)	20,948
52주 최고가(원)	52,000
52주 최저가(원)	28,500
주주구성	㈜대웅제약 등 31%
상장일	1989년 12월

한올바이오파마의 네이버 증권 차트

최근 2년간 지속적인 상승 흐름

한올바이오파마는 대웅제약의 계열사로서 대웅제약이 31%의 지분을 보유하고 있습니다. 동사의 신물질인 HL-161ANS가 기존 물질인 바토클리맙의 안전성 문제를 해결하면서 주가도 반등하는 모습을 보였습니다.

2007년부터 난치성 질환 신약개발 주력

1973년에 설립된 한올바이오파마는 다수의 후기 파이프라인과 신약개발 역량을 보유하고 있습니다. 2007년부터 치료제가 없는 난치성 질환 환자를 위한 first-in-class 및 best-in-class 바이오 신약 연구개발에 주력하기 시작했는데, 이 시기를 회사 연구개발 전략의 커다란 변곡점으로 볼 수 있습니다.

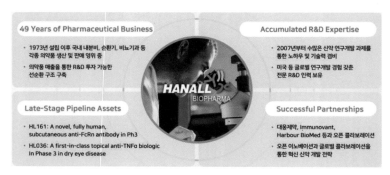

한올바이오파마의 개요

한올바이오파마의 주요 파이프라인 소개

자가면역질환 치료하는 FcRn 억제제

• 자가항체가 정상세포를 공격하는 자가면역질환

자가면역질환은 면역체계인 항체가 세균이나 바이러스 같은 외부 침입자를 공격하는 것이 아니라 우리 몸의 정상 세포를 공격하는 것을 말합니다. 대표적인 자가면역질환으로는 중증근무력증MG이 있습니다. 증상으로는 근육이 약해지고 움직임에도 장애가 생기게 됩니다.

• 자가항체의 보급로 차단하는 FcRn 억제제

자가항체가 자가면역질환의 주요 원인이라는 사실이 밝혀지면서 이를 직접 겨냥하는 치료법이 주목받고 있습니다. FcRn 억제제는 자가항체가 혈중에 오래 머물도록 돕는 FcRn이라는 수용체를 차단해 자가항체의 농도를 낮추는 데 초점을 맞춥니다.

현재 한올바이오파마의 FcRn 억제제 후보물질로는 bato-climabHL161, IMVT-1401 과 HL161ANSIMVT-1402가 있습니다

• FcRn 억제제 시장 100억달러 규모로 추정

자가면역질환 치료제 시장은 2025년 기준 약 1,530억달러를 형성하고 있으며, 이 중 FcRn을 타깃으로 한 치료제 시장규모는 현

245

재 약 100억달러 정도로 추산됩니다. 2021년 FcRn 기전으로서는 FDA의 첫 승인을 받은 아젠엑스의 비브가르트가 2023년 기준 매출 12억달러를 기록했습니다.

자가면역은 만성질환으로 지속적인 관리와 치료가 필요하기 때문에 시장 성장성은 매우 높습니다. 자가면역질환 치료의 주요 기전으로는 TNF 억제제, IL-23 억제제, 그리고 FcRn 억제제가 있습니다. 이 중 FcRn 억제제는 비교적 신생 분야로 빠르게 발전하며 시장에서 주목받고 있습니다.

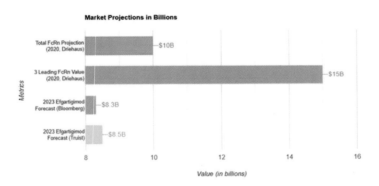

FcRn 억제제 시장 전망

폭넓은 적응증의 FcRn 억제제

FcRn 억제제는 자가면역질환 치료에서 폭넓은 적응증을 보유한 것이 특징입니다. 현재 발표된 적응증만 해도 22개에 달하며, 신경학, 내분비학, 신증, 혈액학, 류마티스학, 피부학 등 다양한 분야를

Our market:
Autoimmune diseases driven by harmful IgG autoantibodies
22 indications announced or in development across the anti-FcRn class[1]

 NEUROLOGY
Chronic inflammatory demyelinating
polyneuropathy (CIDP)
Myasthenia gravis (MG)
Autoimmune encephalitis
COVID-POTS
Myelin oligodendrocyte glycoprotein antibody
disorders (MOG-antibody disorder)

 ENDOCRINOLOGY
Graves' disease (GD)
Thyroid eye disease (TED)

 HEMATOLOGY
Hemolytic disease of the fetus and newborn
Idiopathic thrombocytopenic purpura
Warm autoimmune hemolytic anemia (WAIHA)

 RHEUMATOLOGY
Antineutrophil cytoplasmic antibody (ANCA) -
associated vasculitis
Myositis
Primary Sjogrens syndrome
Rheumatoid arthritis
Severe fibromyalgia syndrome
Systemic lupus erythematosus

 DERMATOLOGY
Bullous pemphigoid
Pemphigus foliaceus
Pemphigus vulgaris

 RENAL
Antibody-mediated rejection
Lupus nephritis
Membranous nephropathy

FcRn 억제제의 적응증 확장 범위

포함하고 있습니다.

특히, 류마티스 분야는 자가면역질환 시장에서 큰 비중을 차지
하는데, FcRn 억제제가 이 분야로 확장될 가능성이 높습니다. 또한
피부질환이나 내분비질환 등에서도 적응증을 확보하며 활용 가능
성을 더욱 넓히고 있습니다.

미국과 중국 파트너사 통해 연구개발 진행
한올바이오파마의 연구개발은 미국과 중국의 글로벌 파트너사
들과의 협업을 통해 진행되고 있습니다.

미국

: 2017년 HL161바토클리맙, IMVT-1401과 HL161ANS IMVT-1402를 로이반트 사이언스Roivant Sciences, 스위스에 기술수출했으며, 로이반트는 한올바이오파마가 기술수출한 물질들만을 연구개발하기 위해 미국에 이뮤노반트Immunovant라는 별도 법인을 설립했습니다.

중국

: 하버바이오메드Harbour BioMed에는 HL161과 함께 안구건조증 치료제인 HL036탄파너셉트을 2017년 기술수출했습니다. HL161은 중증근무력증에 대한 임상3상을 진행한 뒤, 2022년 10월에는 NBP Pharmaceuticals에 총 10억위안 규모로 라이선스아웃했습니다.

후보물질	적용증	개발단계	임상 결과
바토클리맙	중증근무력증(MG)	임상 3상	2H24
	갑상선 안병증(TED)	임상 3상	1H25
	만성 염증성 탈수초성 다발성신경병증(CIDP)	임상 2b상	1H24
	그레이브스병(GD)	임상 2상	23년 12월 발표 임상 3상 IMVT-1402로 진행 예정
IMVT-1402	자가면역질환	임상 1상	24년 임상 3상 개시 예정

자료: 한올바이오파마, 이뮤노반트, 미래에셋증권 리서치센터

한올바이오파마의 FcRn 치료제 개발 단계

한올바이오파마의 주요 파이프라인

• 후기임상 진행 중인 면역질환 치료 물질

한올바이오파마의 핵심 물질은 HL161바토클리맙과 HL161-ANS IMVT-1402로 구성되어 있습니다. HL161은 여러 후기임상을 진행하고 있고, HL161ANS는 HL161과 유사한 치료 효과를 가지면서도 안전성이 더 강화된 차세대 물질입니다. 향후 후기임상은 HL161ANS를 중심으로 이루어질 계획입니다.

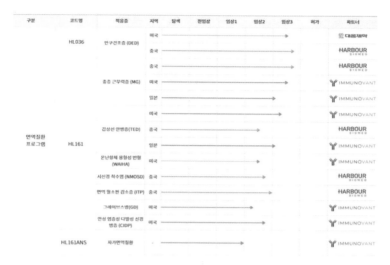

구분	코드명	적응증	지역	탐색	전임상	임상1	임상2	임상3	허가	파트너
면역질환 프로그램	HL036	안구건조증 (DED)	미국							대웅제약
			중국							HARBOUR BIOMED
			중국							HARBOUR BIOMED
	HL161	중증 근무력증 (MG)	미국							IMMUNOVANT
			일본							IMMUNOVANT
			미국							IMMUNOVANT
		갑상선 안병증(TED)	중국							HARBOUR BIOMED
			일본							IMMUNOVANT
		온난항체 용혈성 빈혈 (WAIHA)	미국							IMMUNOVANT
		시신경 척수염 (NMOSD)	중국							HARBOUR BIOMED
		면역 혈소판 감소증 (ITP)	중국							HARBOUR BIOMED
		그레이브스병(GD)	미국							IMMUNOVANT
		만성 염증성 다발성 신경병증 (CIDP)	미국							IMMUNOVANT
	HL161ANS	자가면역질환								IMMUNOVANT

한올바이오파마의 면역질환 파이프라인

• HL161: IgG 항체 리소좀 내 분해 유도

자가면역질환인 중증근무력증 환자에서 IgG 항체는 신경전달 물질인 아세틸콜린의 이동을 방해합니다. 아세틸콜린은 신경에서 근육으로 전달되어 근육을 움직이도록 명령을 전달하는 물질인데, IgG 항체가 아세틸콜린 리셉터에 결합해 신경 신호가 근육으로 전달되지 못하도록 방해합니다. 이로 인해 근육이 움직이지 않거나 약해지는 증상이 나타납니다.

HL161 Batoclimab, IMVT-1401 은 IgG 항체가 FcRn과 결합할 자리에 미리 결합해 IgG 항체가 더 이상 재활용되지 못하도록 차단하는 방식으로 작동합니다.

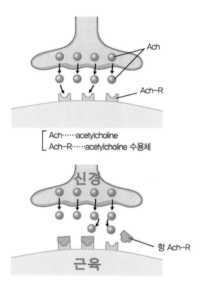

[Ach······acetylcholine
[Ach-R······acetylcholine 수용체

우리 몸이 어떠한 신호에 반응하기 위해서는 '아세틸콜린'이라는 신호전달물질이 신경에서 근육으로 이동해야 하지만, IgG항체(=항-AChR 항체)는 이 아세틸콜린이 이동하지 못하게 막는 역할을 함

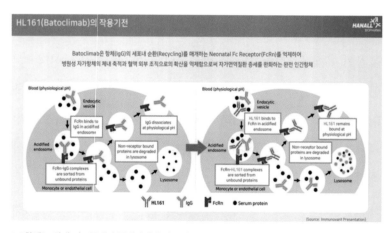

IgG항체는 원래 리소좀에서 분해되어야 하는데 FcRn의 도움을 받아 분해되지 않고 재활용되어 반감기 증가, 즉 다시 세포 밖으로 빠져나와 아세틸콜린 물질의 이동을 막음(왼쪽) | 그 상황에서 HL161는 FcRn과 결합하여 IgG가 리소좀에서 분해되도록 유도(오른쪽)

• HL161ANS: 부작용 극복한 차세대 FcRn 억제제

HL161ANS IMVT-1402는 한올바이오파마가 이뮤노반트에 기술이전한 백업 파이프라인으로, 기존 HL161의 단점을 개선한 FcRn 억제제입니다. HL161은 IgG 감소율이 76%에 달하는 효과적인 치료제지만 장기간 투여 시 알부민 수치와 LDL 수치에 영향을 미치는 부작용이 관찰됩니다. 반면, HL161ANS는 IgG 감소율이 75%로 HL161과 유사하면서도 알부민 및 LDL 수치에 변화가 나타나지 않았습니다.

특히, 피하주사 제형으로 개발된 HL161ANS는 투약 시간이 10초 이내로 매우 짧고 자가투여가 가능해 환자의 편의성을 극대화했는데, 이는 경쟁 약물인 비브가르트 하이트룰로 SC의 경우 투여 시 의료진의 도움이 필요하다는 점과 비교할 때 명확한 차별점입니다.

이러한 특성 덕분에 HL161ANS는 best-in-class 가능성을 가진 물질로 평가받고 있습니다. HL161ANS 임상결과 발표 이후 이뮤노반트의 주가가 90% 이상 급등할 정도로 시장의 관심도 뜨거웠습니다. 이뮤노반트는 HL161ANS를 기반으로 신규 파이프라인을 모두 전환하겠다고 선언하며, 향후 핵심 치료제로 자리잡을 것임을 시사했습니다.

또한 HL161ANS는 2043년까지 특허를 보유하고 있어, 경쟁약물 아젠엑스 Argenx의 비브가르트 대비 8년 더 긴 특허보호 기간을 확보하고 있습니다. 이는 장기적인 독점적 지위를 유지할 수 있는

강점으로 자가면역질환 치료제 시장에서 중요한 경쟁력을 제공합
니다.

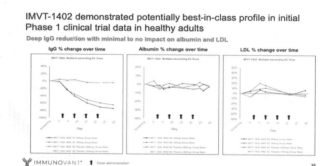

IMVT-1402의 임상1상 결과 알부민과 LDL 수치 변화 없이 IgG 감소

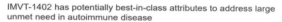

IMVT-1402의 IgG 감소율, 안정적인 알부민 LDL 수치, 투약 편리성, 장기간 특허보호

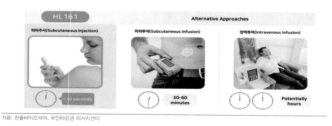

투약 방법 비교

HL161ANS 경쟁력

바토클리맙의 경우 〈그림〉처럼 FcRn의 바깥쪽α1, α2 사이에 결합해 알부민 결합자리와 경쟁함으로써 혈중 알부민 수치 감소라는 부작용이 발생하지만, HL161ANSIMVT-1402는 FcRn 안쪽α2에 결합해 알부민의 결합을 방해하지 않게 됩니다. 결과적으로 혈중 알부민 수치가 유지됩니다.

참고로 아젠엑스의 에프가티지모드Efgartigimod도 FcRn 사이에 결합해 IgG를 차단함으로써 알부민 결합자리와 경쟁하지 않음을 시각적으로 확인할 수 있습니다.

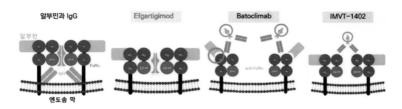

알부민과 IgG, 에프가티지모드, 바토클리맙, IMVT-1402의 결합 부위 모식도

HL161ANS 활용한 이뮤노반트의 임상 확장 전략

2025년 이뮤노반트는 바토클리맙으로 미국과 유럽에서 진행된 MG, TED 임상3상 결과와 CIDP 임상2b상 파트1 데이터를 발표할 예정입니다. 또한 차세대 약물인 HL161ANS로 그레이브스병GD, 류마티스관절염RA, 중증근무력증MG의 적응증 확장이 확정되

었고, 1분기 내로 4~5개 적응증 임상환자 등록을 개시할 계획입니다.

• FcRn 경쟁사들

FcRn 분야에서 가장 앞서 있는 아젠엑스의 FDA 승인 치료제 비브가르트는 MG, CIDP, ITP(일본) 치료제로 승인받았습니다. 이 중 MG와 CIDP는 비브가르트 SC제형입니다. 2023년 비브가르트의 매출은 MG 중심으로 빠르게 성장했으며, 2025년까지 적응증을 15개로 확장한다는 계획입니다. 존슨앤존슨의 니포칼리맙Nipocalimab은 MG 적응증에 대한 미국 FDA 승인을 기다리고 있는 상황이며, 현재 중증 태아자가면역용혈빈혈WAIHA, CIDP, 쇼그렌증후군, 전신성홍반성루프스, 류마티스관절염 등 여러 적응증에서 임상을 진행 중입니다.

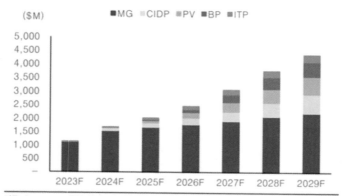

비브가르트 매출 전망(적응증별) (출처: Global data, 유안타증권 리서치센터)

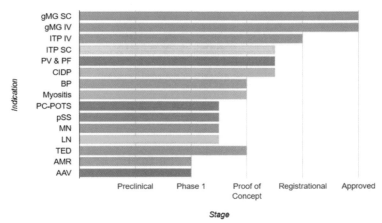

비브가르트(에프가티지모드) 적응증별 임상단계

적응증별 시장 현황

• 중증근무력증

중증근무력증MG은 신경신호가 근육으로 제대로 전달되지 않아 근육 약화와 마비를 유발하는 자가면역질환입니다. 환자들은 눈꺼풀 처짐, 호흡곤란, 팔과 다리 근육 약화 등을 겪으며, 심한 경우에는 생명까지 위협받을 수 있는 질병으로 미국에서만 약 6.6만명의 유병률을 보이고 있습니다.

중증근무력증은 FcRn 억제제의 주요 적응증 중 하나로 아젠엑스의 비브가르트가 출시되었고 존슨앤존슨도 신약승인 신청을 해놓은 상황입니다.

기업명	약물명	기전	개발단계	투여경로	비고
Argenx	Efgartigimod	FcRn 억제제	승인	정맥/피하주사	정맥: 2021년/피하: 2023년 허가
Janssen	Nipocalimab	FcRn 억제제	임상 3상	정맥주사	일부민 감소가 관측됨
UCB	Rozanolixizumab(RYSTIGGO)	FcRn 억제제	승인 (2023/6)	피하주사	두통 부작용이 관측됨
아스트라제네카	Eculizumab	C5 보체 억제제	승인 (2017/10)	정맥주사	수막구균 감염증 관련 FDA 박스 경고
아스트라제네카	라불리주맙	C5 보체 억제제	승인 (2022/4)	정맥주사	수막구균 감염증 관련 FDA 박스 경고
UCB	Zilucoplan(ZILBRYSQ)	C5 보체 억제제	승인 (2023/10)	피하주사	

자료: 이뮤노반트, 미래에셋증권 리서치센터

중증근무력증 치료제 경쟁 현황(출처: 이뮤노반트, 미래에셋증권 리서치센터)

• 그레이브스병

그레이브스병GD은 갑상선 자극 작용을 하는 IgG 항체에 의해 발생하는 자가면역질환으로, 주로 갑상선 기능 항진증을 유발합니다. 항갑상선 치료제에 반응하지 않는 환자가 미국에서만 매년 약 5.1~6.8만명 발생하며, 시장은 2029년까지 약 5억달러 규모로 성장할 것으로 전망됩니다.

GD 임상2상에서 ORR객관적반응률 50% 상회, 평균 IgG 감소 81%라는 긍정적인 결과를 도출하고, 현재 HL161ANS로 확증적 임상을 진행 중입니다. 한올바이오파마가 GD 시장에서 가장 빠르게 상업화가 진행될 것으로 예상되어 기업가치를 올리는 데 크게 기여할 것으로 전망됩니다.

GD는 아직 제대로 된 치료제가 개발되지 않아 시장규모가 작게 추산되지만, 환자수가 TED 대비 2~4배까지 커 치료제가 개발된다면 블록버스터로 성장할 가능성이 높습니다. TED 치료제인 암젠의 테페자Teprotumumab가 높은 부작용에도 불구하고 2023년 약 18억달러의 매출을 올렸다는 점을 감안할 때, HL161ANS가 만일 승인

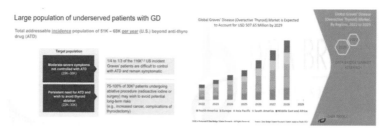

그레이브스병의 미충족 수요 및 시장 전망

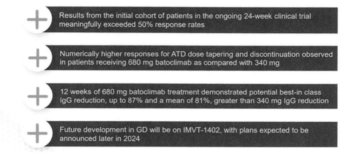

IMVT-1402의 긍정적인 그레이브스병 임상2상 초기 데이터

된다면 더 빠른 매출 성장도 기대해볼 수 있습니다.

• 류마티스관절염

류마티스관절염RA 은 자가면역질환 시장에서 매우 큰 규모를 가진 적응증으로 성공 시 큰 성장 기회를 제공합니다. 류마티스관절염 적응증에서 경쟁 약물인 니포칼리맙이 통계적 유의성을 달성하지

First-in-Class	• Assuming differentiated benefit/risk and simple SC delivery, opportunity to leverage potency of 1402 to further expand applicable patient types for anti-FcRn development • Example – Graves' disease	High unmet need, biologic plausibility
Best-in-Class	• IgG autoantibodies part of disease pathophysiology • Insights from later-stage anti-FcRn programs may be leveraged together with 1402 potency to optimize development approach for IMVT-1402 • Examples – MG, CIDP	Classic autoAb, class data positive
Best-in-Class	• Other underserved patient populations • Potential to enhance PTS via focus on subset of patients with autoantibodies of interest and leverage 1402 potency • Examples – Refractory rheumatoid arthritis	Other auto-immune, class data suggestive

IMVT-1402의 적응증 확장 가능성(출처: Immunovant, DS투자증권 리서치센터)

못했기 때문에 HL161ANS가 유리한 위치를 점할 가능성이 있습니다. 한올바이오파마 류마티스관절염 확증적 임상의 중간 결과는 2025년 내 확인할 수 있을 전망으로, 결과에 따라 주가에 큰 영향을 미칠 수 있습니다.

염증성 탈수초성 다발성 신경병증

염증성 탈수초성 다발성 신경병증CIDP은 말초신경의 탈수초로 인해 발생하는 자가면역성 신경병증으로, 미국에만 약 16,000명의 환자가 있습니다. 전체 시장규모는 약 23.5억달러로 추산됩니다.

현재 경쟁사들은 CIDP 임상3상에서 긍정적인 결과를 도출해 치료제 승인을 받거나 승인 예정입니다. HL161ANS도 CIDP 확증적 임상에 대한 시장의 기대가 높습니다.

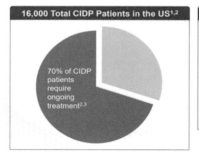

Chronic inflammatory demyelinating polyneuropathy (CIDP):
Important disease in neurology, exciting opportunity for anti-FcRn class

16,000 Total CIDP Patients in the US[1,2]

70% of CIDP patients require ongoing treatment[2,3]

CIDP – Key Takeaways

- Current therapies (IVIg, plasma exchange, and steroids) are effective, but have significant side effects and logistical limitations (IVIg & plasma exchange).
- CIDP represents 22% of total IVIg market by volume
  - ~$3B in global annual sales for IVIg in CIDP[4]
- Target population – patients with active CIDP

CIDP의 유병률, 미충족 수요, 시장 규모

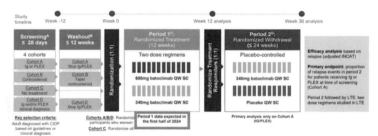

Pivotal Phase 2b trial intended to develop potentially best-in-class chronic anti-FcRn therapy in CIDP[1]

바토클리맙의 임상2b상 설계

갑상선안병증

갑상선안병증TED은 갑상선 기능 이상으로 인해 안구 돌출, 통증, 시력 저하 등을 유발하는 자가면역질환입니다. 현재 암젠Amgen이 인수한 호라이즌Horizon의 테페자Teprotumumab가 시장을 선도하고 있으며, 심각하지 않은 환자군과 부작용으로 치료를 지속하지 못하

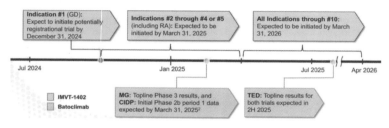

바토클리맙과 IMVT-1402의 임상일정

는 환자군에서 큰 미충족 수요가 존재합니다.

FcRn 억제제 기전으로는 TED 치료제가 아직 나오지 않았지만, 바토클리맙은 이 분야에서 새로운 가능성을 제시하고 있습니다. 만일 확증적 임상에서 성공적인 데이터가 발표된다면 또 다른 성장 기회로 작용할 전망입니다.

향후 전망 및 투자 가치

투자 포인트_HL161ANS 적응증 확장 전략 주목

동사의 가장 큰 리스크는 IMVT-1402의 실패 가능성입니다. FcRn 억제제는 여러 적응증에서 높은 기대를 받고 있지만, 적응증이 많다고 해서 모두 성공하는 것은 아닙니다. 이는 경쟁사 사례에서도 확인할 수 있습니다. 아젠엑스의 비브가르트Vyvgart는 수포창 적응증 피하주사제형 임상3상에서 실패를 경험한 바 있습니다. IMVT-1402 역시 실패 가능성을 배제할 수 없습니다. 또한, 한올바이오파마는 과거 안구건조증 치료제 개발에서 실패를 겪었고, 이러한 전례는 새로운 적응증에서도 여전히 리스크로 남아 있습니다.

이러한 리스크에도 불구하고 새로운 물질 IMVT-1402 경쟁력과 높은 확장성은 글로벌 경쟁력을 충분히 갖추었을 뿐만 아니라 2043년까지 특허를 확보하고 있다는 점에서 투자 가치가 높습니다. 기존 물질인 HL161(Batoclimab)의 부작용을 극복했고, 피하주사제형으로 개발되어 경쟁력이 높습니다.

또한 시장이 큰 그레이브스병, 류마티스관절염에서 앞서고 있다는 점도 투자 포인트입니다. 임상성공 시 블록버스터 가능성이 높아 동사의 가치를 한 단계 레벨업시키는 동력으로 작용할 전망입니다. 향후 블록버스터 출시 가능성과 연이은 확증적 임상결과 발표는 빅바이오텍의 로드맵을 제시하고 있습니다.

투자 전 체크포인트!

리스크 점검

☑ IMVT-1402의 임상실패 가능성(안전성과 효능)

☑ 아젠엑스 등 경쟁사의 의약품 대비 경쟁력 확보, 상업화 성공 리스크

☑ HL-036 안구건조증 상업화 리스크

투자 전략

☑ IMVT-1402의 약물 경쟁력, 피하주사제형으로 상업화 성공 가능성 높음

☑ FcRn 억제제는 다양한 적응증으로 확장성 높음

☑ IMVT-1402 중증근무력증, 그레이브스병, 류마티스관절염 등 임상3상 진입, 2025년 1분기 중 4~5개 확증적 임상 진입

☑ 그레이브스병 적응증에서 경쟁사 대비 우위-확증적 임상 중간 결과 기대

☑ 거대시장 류마티스관절염 임상3상 중간 결과 기대

☑ 중국 중증근무력증 상업화에 따른 매출 레벨업 가능성

바이오 보물섬으로의 대항해 시대

바이오는 주요 국가에서 미래의 새로운 먹거리 산업으로 낙점하고 성장을 위한 정책 마련과 자원 배분을 아끼지 않는 분야입니다. 바이오 산업 그 자체는 물론, 다른 산업과의 융합을 통해 미래 제조 분야에 지대한 영향을 미칠 것으로 예상되기 때문입니다. 국내 전체 주식시장에서 바이오제약 분야가 차지하는 시가총액 비중이 어느덧 7%를 넘어서고 있습니다. 주요 바이오 기업의 높은 성장과 활발한 신규 유입이 비중확대의 주된 원동력입니다. 2030년 이후 글로벌 경쟁력을 갖춘 국내 신약개발 빅바이오텍들이 등장하면서 이 비중이 20%를 상회할 것으로 예상합니다. 앞서 살펴본 것처럼 국내 바이오의 미래가 밝은 것은 CDMO, 바이오시밀러 등 특정 분야에서만 성장하는 것이 아니라 다양한 신약개발 모달리티에서 글로벌 경쟁력을 보여주고 있기 때문입니다.

이렇듯 국내 바이오는 높은 성장 잠재력에도 불구하고 임상경험 부족, 신약물질의 낮은 임상성공 확률, 솔직하지 못한 시장과의 소통 등으로 인해 시장의 신뢰를 얻지 못하고 낮은 평가를 받아온 것이 사실입니다. 이런 가운데 2024년 유한양행의 '렉라자'가 국내 바이오를 휘감고 있는 불신의 줄을 끊고 새로운 방향을 제시했다는 점에서 큰 의미를 부여할 수 있습니다. 국내 기업도 글로벌 시장에서 블록버스터급 신약을 만들 수 있다는 자신감을 신약개발 벤처는 물론, 투자자들에게도 심어주었습니다.

이제 국내 투자자들도 빅바이오텍 투자를 준비해야 할 시간입니다. 미충족 수요가 큰 분야에서 탁월한 효능을 갖춘 렉라자와 같은 블록버스터를 개발할 수 있는 기업에 주목해야 합니다. 글로벌 빅바이오텍 3사의 사례를 통해 살펴보았듯이, 블록버스터를 확보한 기업은 이 재원을 근간으로 적극적인 R&D 활동을 펼쳐 멀티 블록버스터를 갖춘 빅바이오텍으로 성장할 가능성이 높습니다. 블록버스터는 빅바이오텍으로 가는 관문입니다. 첫 글로벌 항암제 렉라자 출시를 시작으로 국내 바이오 기업도 앞으로 많은 블록버스터를 출시할 것으로 전망합니다.

결국 핵심은 블록버스터가 되기 위한 조건입니다. 이 조건에 부합하는 파이프라인을 보유한 기업이 바로 우리가 투자해야 하는 기업입니다. 미충족 수요가 매우 큰데도 불구하고 이렇다 할 치료제가 없는 질환을 대상으로 first-in-class 혹은 best-in-class의 탁월한 임상성과를 보여준 기업들에 관심을 집중해야 합니다. 즉, 미충족 수요가 큰 질환을 대상으로 효능을 검증하는 임상2상 단계에서 1차유효성평가지표의 통계적 유의성을 상당한 수준으로 만족시켜야 합니다. 이 조건을 갖추고 있다면 충분히 투자할 만한 기업입니다.

2025년을 맞이해 국내 주요 바이오 기업의 CEO들은 자체 발굴 신약후보물질의 기술이전이나 임상을 통한 상업화를 향후 나아갈 방향으로 설정했습니다. 이들은 앞으로 렉라자를 비롯한 글로벌 신약에서 매출이 발생하게 되면 자체적인 수익구조를 갖추게 되어 국내 바이오텍의 임상 역량 역시 점차 강화될 것이라고 입을 모으고 있습니다. 또한 국내 바이오텍들이 기술이전에만 의존하지 않고 자체 임상수행 능력을 장착해 스스로 FDA 신약 승인까지 받을 수 있어야 한다고 강조하고 있습니다. 앞서 2장에서 살펴본 빅바이오텍 로드맵의 꿈을 언급한 것입니다.

트럼프 2기 행정부가 들어서면서 물가와 금리에 대한 우려, 헬스케어 정책의 불확실성 등이 위험요인으로 거론되는 반면, M&A와 기술이전은 더욱 활성화될 것이라는 전망이 우세합니다. 높은 금리 수준은 바이오 산업 전체에 부담을 주는 요인이지만, 풍부한 자금과 글로벌 기술경쟁력을 갖춘 국내 주요 기업들에게는 성장의 기회가 많이 열려 있습니다. 미국 정부가 전방위적으로 중국 바이오 시장을 견제하고 있지만 신약개발 분야에서의 거래는 전례없이 활발한 상황입니다. 뛰어난 신약물질의 경쟁력은 미중마찰의 장벽도 넘을 수 있다는 것을 보여줍니다. 금리나 정책 불확실성 같은 투자 환경에 대한 걱정보다는 기업과 신약후보물질의 경쟁력 분석에 집중해야 하는 이유입니다.

모든 산업은 'S'자 곡선을 그리며 성장하게 되는데, 국내 바이오는 현재 두 번째 상승구간으로 진입하고 있습니다. 향후 바이오 섹터는 글로벌 경쟁력을 확보한 임상데이터, 지속적인 기술수출 계약, 마일스톤 유입과 매출 등 숫자로 확인할 수 있는 실적을 바탕으로 장기적인 주가상승이 예상됩니다. 이제 블록버스터 출시와 더불어 글로벌 빅바이오텍으로 성장할 가능성이 높은 기업들로 포트폴리오를 구성하여 2030년을 바라보고 투자해야 할 시기입니다. 구체적으로는 주식자산 중의 20~30% 정도를 제약바이오 섹터에 배정하고 2장과 3장에서 학습한 기업을 중심으로 4~5종목을 선정, 장기투자하는 방식을 고려할 수 있습니다.

바이오는 변동성이 큰 속성을 지니고 있으며 철저히 데이터와 확률로 움직이는 산업임을 인지하고 있다면 단일 종목이 아니라 반드시 포트폴리오 방식으로 투자해야 합니다. 나아가 시장의 변동성까지도 기회로 활용할 줄 알아야 합니다. 바이오 기업은 펀더멘탈 변화가 없음에도 시장 환경의 변화와 투자자들의 부정적 관점이 확대되면서 단기적으로 20~30% 조정이 나타날 수 있습니다. 바이오 주식의 속성에 대한 이해와 기업의 기술 및 임상데이터 경쟁력 분석 능력만이 변동성 위기를 기회로 바꿀 수 있습니다. 오래 가야 하기 때문에 알아야 합니다. 아는 만큼 버틸 수 있습니다. 오징어 게임에서 'O'를 선택했을 경우 게임의 속성을 간파하고 있어야 생존할 확률이 높아지는 것과 같은 이치입니다.

2000년 이후 약 20년간 국내 투자자들은 삼성전자를 통해 많은 부를 축적해온 것이 사실입니다. 삼성전자는 현재 다양한 도전에 직면하고 있지만, 그동안 기업의 경쟁력을 신뢰하고 지속적으로 인내해온 투자자들에게 큰 수익을 안겨주었습니다.

이제 국내 빅바이오텍의 시간입니다. 미충족 수요가 큰 분야에서 글로벌 경쟁력을 갖춘 블록버스터를 개발하여 빅바이오텍으로 성장할 가능성이 높은 기업들에 주목해야 합니다. 오직 바이오 섹터에 대한 관심과 공부만이 향후 펼쳐질 10년간의 바이오 대항해 속에서 수많은 변동성과 의심의 고비를 극복하고 빅바이오텍이 가득한 보물섬으로 여러분들을 안내할 것입니다.

참고 문헌

- https://www.vrtx.com

- https://www.youtube.com/watch?v=rlP_BdU197I

- KALYDECO [prescribing information]. Boston, MA: Vertex Pharmaceuticals Incorporated; August 2023.

- US National Library of Medicine. ClinicalTrials.gov. Available at https://clinicaltrials.gov/ct2/show/NCT00909532. Accessed May 1, 2023.

- Ramsey BW, Davies J, McElvaney NG, et al. A CFTR potentiator in patients with cystic fibrosis and the G551D mutation. N Engl J Med. 2011;365(18):1663-1672.

- https://www.drugs.com/newdrugs/fda-expands-approved-kalydeco-additional-mutations-cystic-fibrosis-4534.html

- https://www.ft.com/content/39ed9ca1-e49b-48cd-ac6d-acb4b9744432

- https://www.macrotrends.net

- https://www.hankyung.com/article/2024102718671

- http://www.bosa.co.kr/news/articleView.html?idxno=62188

- http://www.hitnews.co.kr/news/articleView.html?idxno=40387

- https://www.daiichisankyo.com/

- https://clinicaltrials.gov/study/NCT02564900

- https://www.medscape.com/viewarticle/837837?form=fpf

- https://www.drugs.com/history/enhertu.html

- https://www.youtube.com/watch?v=jhOsyofBET8

- https://www.statista.com

- De Jager, R., Cheverton, P., Tamanoi, K., Coyle, J., Ducharme, M., Sakamoto, N., Satomi, M., Suzuki, M., & DX-8931f Investigators (2000). DX-8951f: summary of phase I clinical trials. Annals of the New York Academy of Sciences, 922, 260–273. https://doi.org/10.1111/j.1749-6632.2000.tb07044.x

- Soepenberg, O., de Jonge, M. J., Sparreboom, A., de Bruin, P., Eskens, F. A., de Heus, G., Wanders, J., Cheverton, P., Ducharme, M. P., & Verweij, J. (2005). Phase I and pharmacokinetic study of DE-310 in patients with advanced solid tumors. Clinical Cancer Research, 11(2), 703–711. https://doi.org/10.1158/1078-0432.703.11.2

- KADCYLA Prescribing Information. Genentech, Inc. 2022.

- Verma S, Miles D, Gianni L, et al; EMILIA Study Group. Trastuzumab emtansine for HER2-positive advanced breast cancer [published correction appears in N Engl J Med. 2013;368:2442]. N Engl J Med. 2012;367:1783-1791 and Supplementary Appendix.

- ENHERTU. Prescribing information. Daiichi Sankyo, Inc.; 2024.

- Ogitani Y, Aida T, Hagihara K, et al. DS-8201a, a novel HER2-targeting ADC with a novel DNA topoisomerase I inhibitor, demonstrates a promising antitumor efficacy with differentiation from T-DM1. Clin Cancer Res. 2016;22(20):5097-5108.

· Nakada T, Sugihara K, Jikoh T, Abe Y, Agatsuma T. The latest research and development into the antibody–drug conjugate, [fam-] trastuzumab deruxtecan (DS-8201a), for HER2 cancer therapy. Chem Pharm Bull (Tokyo). 2019;67(3):173-175.

· Ogitani Y, Hagihara K, Oitate M, Naito H, Agatsuma T. Bystander killing effect of DS-8201a, a novel anti-human epidermal growth factor receptor 2 antibody-drug conjugate, in tumors with human epidermal growth factor receptor 2 heterogeneity. Cancer Sci. 2016;107(7):1039-1046.

· Toshihiko Doi, et al., abstract No. 108, ASCO 2017

· Modi, S., Saura, C., Yamashita, T., Park, Y. H., Kim, S.-B., Tamura, K., Andre, F., Iwata, H., Ito, Y., Tsurutani, J., Sohn, J., Denduluri, N., Perrin, C., Aogi, K., Tokunaga, E., Im, S.-A., Lee, K. S., Hurvitz, S. A., Cortes, J., ... Krop, I. (2020). Trastuzumab Deruxtecan in previously treated her2-positive breast cancer. New England Journal of Medicine, 382(7), 610–621. https://doi.org/10.1056/nejmoa1914510

· Hurvitz SA, Hegg R, Chung WP, et al. Trastuzumab deruxtecan versus trastuzumab emtansine in patients with HER2-positive metastatic breast cancer: updated results from DESTINY-Breast03, a randomised, open-label, phase 3 trial. Lancet. 2023;401(10371):105-117

· Abe Y et al. Drug Delivery System 34-1, pp.52-58

· https://www.youtube.com/watch?v=vUYP59aEqRI

· https://www.youtube.com/watch?v=mgy4poIImUM

· https://us.argenx.com/

· https://www.vlerick.com/en/find-faculty-and-experts/tim-van-hauwermeiren/

5년 후 10배 오를 바이오 기업에 투자하라

- https://informaconnect.com/antibody-engineering-therapeutics-events/speakers/hans-de-haard/

- https://citywire.com/new-model-adviser/news/top-investors-back-argenx-s-multi-blockbuster-potential/a2407368

- https://www.bioin.or.kr/board.do?num=307692&cmd=view&bid=report

- https://joincolossus.com/episode/reed-argenx-billion-dollar-llama/

- https://www.pharmaceutical-technology.com/news/oncoverity-eyes-cusatuzumab-development-in-aml-after-licensing-rights/?cf-view

- VYVGART. Prescribing information. argenx US Inc; 2024.

- Howard JF Jr et al. Lancet Neurol. 2021;20(7):526-536. doi:10.1016/S1474-4422(21)00159-9

- Wolfe GI et al. Neurology. 1999;52(7):1487-1489. doi:10.1212/wnl.52.7.1487

- https://www.globenewswire.com/news-release/2024/02/29/2837584/0/en/argenx-Reports-Full-Year-2023-Financial-Results-and-Provides-Fourth-Quarter-Business-Update.html

- https://seekingalpha.com/article/4666638-argenx-upgrading-strong-buy-on-vyvgart-q4-sales-empasiprubart-data-pipeline-expansion

- https://www.macrotrends.net

Ma, J., Zhang, H., Zhao, J. et al. Sci Rep 14, 28394 (2024). https://doi.org/10.1038/s41598-024-79918-7

- https://www.vrtx.com

- https://www.youtube.com/watch?v=rlP_BdU197l

- KALYDECO [prescribing information]. Boston, MA: Vertex Pharmaceuticals Incorporated; August 2023.

- US National Library of Medicine. ClinicalTrials.gov. Available at https://clinicaltrials.gov/ct2/show/NCT00909532. Accessed May 1, 2023.

- Ramsey BW, Davies J, McElvaney NG, et al. A CFTR potentiator in patients with cystic fibrosis and the G551D mutation. N Engl J Med. 2011;365(18):1663-1672.

- https://www.drugs.com/newdrugs/fda-expands-approved-kalydeco-additional-mutations-cystic-fibrosis-4534.html

- https://www.ft.com/content/39ed9ca1-e49b-48cd-ac6d-acb4b9744432

- https://www.macrotrends.net

- N Engl J Med 2010;363:1991-2003

- N Engl J Med 2018;379:1612-1620

- https://www.hankyung.com/article/2024102718671

- http://www.bosa.co.kr/news/articleView.html?idxno=62188

- http://www.hitnews.co.kr/news/articleView.html?idxno=40387

- https://www.daiichisankyo.com/

- https://clinicaltrials.gov/study/NCT02564900

- https://www.medscape.com/viewarticle/837837?form=fpf

- https://www.drugs.com/history/enhertu.html

- https://www.youtube.com/watch?v=jhOsyofBET8

- https://www.statista.com

- De Jager, R., Cheverton, P., Tamanoi, K., Coyle, J., Ducharme, M., Sakamoto, N., Satomi, M., Suzuki, M., & DX-8931f Investigators (2000). DX-8951f: summary of phase I clinical trials. Annals of the New York Academy of Sciences, 922, 260–273. https://doi.org/10.1111/j.1749-

6632.2000.tb07044.x

- Soepenberg, O., de Jonge, M. J., Sparreboom, A., de Bruin, P., Eskens, F. A., de Heus, G., Wanders, J., Cheverton, P., Ducharme, M. P., & Verweij, J. (2005). Phase I and pharmacokinetic study of DE-310 in patients with advanced solid tumors. Clinical Cancer Research, 11(2), 703–711. https://doi.org/10.1158/1078-0432.703.11.2

- KADCYLA Prescribing Information. Genentech, Inc. 2022.

- Verma S, Miles D, Gianni L, et al; EMILIA Study Group. Trastuzumab emtansine for HER2-positive advanced breast cancer [published correction appears in N Engl J Med. 2013;368:2442]. N Engl J Med. 2012;367:1783-1791 and Supplementary Appendix.

- ENHERTU. Prescribing information. Daiichi Sankyo, Inc.; 2024.

- Ogitani Y, Aida T, Hagihara K, et al. DS-8201a, a novel HER2-targeting ADC with a novel DNA topoisomerase I inhibitor, demonstrates a promising antitumor efficacy with differentiation from T-DM1. Clin Cancer Res. 2016;22(20):5097-5108.

- Nakada T, Sugihara K, Jikoh T, Abe Y, Agatsuma T. The latest research and development into the antibody–drug conjugate, [fam-] trastuzumab deruxtecan (DS-8201a), for HER2 cancer therapy. Chem Pharm Bull (Tokyo). 2019;67(3):173-175.

- Ogitani Y, Hagihara K, Oitate M, Naito H, Agatsuma T. Bystander killing effect of DS-8201a, a novel anti-human epidermal growth factor receptor 2 antibody-drug conjugate, in tumors with human epidermal growth factor receptor 2 heterogeneity. Cancer Sci. 2016;107(7):1039-1046.

- Toshihiko Doi, et al., abstract No. 108, ASCO 2017

- Modi, S., Saura, C., Yamashita, T., Park, Y. H., Kim, S.-B., Tamura, K., Andre, F., Iwata, H., Ito, Y., Tsurutani, J., Sohn, J., Denduluri, N., Perrin, C., Aogi, K., Tokunaga, E., Im, S.-A., Lee, K. S., Hurvitz, S. A., Cortes, J., ... Krop, I. (2020).

참고 문헌

Trastuzumab Deruxtecan in previously treated her2-positive breast cancer. New England Journal of Medicine, 382(7), 610–621. https://doi.org/10.1056/nejmoa1914510

- Hurvitz SA, Hegg R, Chung WP, et al. Trastuzumab deruxtecan versus trastuzumab emtansine in patients with HER2-positive metastatic breast cancer: updated results from DESTINY-Breast03, a randomised, open-label, phase 3 trial. Lancet. 2023;401(10371):105-117

- Abe Y et al. Drug Delivery System 34-1, pp.52-58

- https://www.youtube.com/watch?v=vUYP59aEqRI

- https://www.youtube.com/watch?v=mgy4poIImUM

- https://us.argenx.com/

- https://www.vlerick.com/en/find-faculty-and-experts/tim-van-hauwermeiren/

- https://informaconnect.com/antibody-engineering-therapeutics-events/speakers/hans-de-haard/

- https://citywire.com/new-model-adviser/news/top-investors-back-argenx-s-multi-blockbuster-potential/a2407368

- https://www.bioin.or.kr/board.do?num=307692&cmd=view&bid=report

- https://joincolossus.com/episode/reed-argenx-billion-dollar-llama/

- https://www.pharmaceutical-technology.com/news/oncoverity-eyes-cusatuzumab-development-in-aml-after-licensing-rights/?cf-view

- VYVGART. Prescribing information. argenx US Inc; 2024.

- Howard JF Jr et al. Lancet Neurol. 2021;20(7):526-536. doi:10.1016/S1474-4422(21)00159-9

- Wolfe GI et al. Neurology. 1999;52(7):1487-1489. doi:10.1212/

wnl.52.7.1487

- https://www.globenewswire.com/news-release/2024/02/29/2837584/0/en/argenx-Reports-Full-Year-2023-Financial-Results-and-Provides-Fourth-Quarter-Business-Update.html

- https://seekingalpha.com/article/4666638-argenx-upgrading-strong-buy-on-vyvgart-q4-sales-empasiprubart-data-pipeline-expansion

- https://www.macrotrends.net

- Ma, J., Zhang, H., Zhao, J. et al. Sci Rep 14, 28394 (2024). https://doi.org/10.1038/s41598-024-79918-7

Neurology, 92(23), e2661–e2673.

5년 후 10배 오를 바이오 기업에 투자하라

초판 1쇄 발행 2025년 6월 11일

지은이 이해진, 이시문
브랜드 경이로움
출판 총괄 안대현
기획편집 김하나
마케팅 김윤성
디자인 김민서

발행인 김의현
발행처 (주)사이다경제
출판등록 제2021-000224호(2021년 7월 8일)
주소 서울특별시 강남구 테헤란로33길 13-3, 7층(역삼동)
홈페이지 cidermics.com
이메일 gyeongiloumbooks@gmail.com(출간 문의)
전화 02-2088-1804   **팩스** 02-2088-5813
종이 다올페이퍼   **인쇄** 재영피앤비
ISBN 979-11-94508-30-4 (03320)

특별부록

성공적인 투자를 위한

필 수
바이오
용어집

경이로움

차례

(s)NDA 제출

신약(또는 변경) 허가를 위해 규제기관에 품목허가 신청 서류를 제출하는 절차

1차유효성평가지표

임상시험에서 가장 중요하게 평가하는 주된 효과 지표primary endpoint

가속승인

중대한 질환 영역에서 제한적 임상데이터로 빠른 시판허가를 부여하는 제도

가장납입

실제 자금 투입 없이 형식적으로 자본금을 납입한 것처럼 꾸미는 행위

강제호기량 ppFEV

예측치 대비 퍼센트로 나타낸 1초 강제호기량(폐기능 지표)

개념증명 Proof-of-Concept

전임상 혹은 임상초기 단계에서 약물의 효과 가능성을 최초로 확인하는 단계

객관적반응률 ORR

항암치료 후 종양이 부분 혹은 완전관해된 환자 비율

경쟁약물

동일 적응증 · 유사 기전을 가진 다른 기업의 신약후보 또는 시판 약물

고형암

체내 고체 형태로 발생하는 악성 종양(예: 폐암, 대장암 등)

국소이성화효소 억제제 topoisomerase inhibitor

DNA 복제 과정의 토포이소머라제 효소를 억제해 세포 분열을 막는 항암제

그랩바디 Grabody

항체 Fc 부위 등 특정 부위를 변형해 면역세포 결합력·기능을 높인 에이비엘바이오의 항체 플랫폼

그레이브스병 GD

갑상선 기능 항진증을 유발하는 자가면역질환

급성골수성백혈병 AML

골수 내 비정상적인 백혈구가 급격히 증식하는 유형의 백혈병

기술이전

연구개발 성과(특허, 노하우 등)를 다른 기업·기관에 이전하는 계약이나 협업

낭(포)성섬유증

유전자 이상으로 인한 과도한 점액 분비로 호흡기·소화기에 문제가 생기는 질환

뇌전증

뇌 신경세포의 비정상적 전기 활동으로 반복적 발작이 발생하는 질환

뇌혈장벽 BBB

혈액과 뇌 조직 사이 물질 교환을 엄격히 제한해 뇌를 보호하는 구조적
장벽

단백질분해제 TPD

표적 단백질을 특이적으로 분해 · 제거하는 기전을 이용한 혁신 치료기
술Targeted Protein Degrader

단일항체 mAb

단일 클론 B세포에서 만들어져 특정 항원에만 결합하는 항체

담도암

담관(쓸개관)에 발생하는 악성 종양

당뇨병성 신경병증 DNP

당뇨 합병증으로 말초신경 손상 및 감각 이상이 나타나는 질환

독립 데이터 모니터링 위원회 IDMC

임상시험 안전성 · 중단 여부 등을 독립적으로 검토하는 위원회

리드물질

신약개발 초기 단계에서 약리 활성이 유망해 추가 연구 · 개발 후보로 선정된 물질

링커

항체약물결합체ADC 등에서 약물과 항체를 화학적으로 연결해주는 연결체

링커의 소수성

링커가 물과 잘 섞이지 않는 성질로, ADC 등에서 결합 안정성 · 약물 전달에 영향을 미침

마일스톤

기술이전 등 계약에서 특정 개발 단계 달성 시 지급되는 단계별 성공 보수금

면역관문

T세포의 면역반응을 조절하는 분자로, PD-1, CTLA-4 등이 대표적

면역글로불린 주사 IVIg

정맥 투여 형태의 면역글로불린 제제(면역 결핍 · 자가면역질환 등에 사용)

면역원성

항원(외부 물질)이 면역반응을 일으킬 수 있는 능력

면역항암제

면역계가 암세포를 인식 · 공격하도록 활성화하는 항암제

모달리티

치료제의 형태 · 기전 · 기술 등 분류할 때 쓰이는 치료 접근 방식(예: 항체, 세포치료, 유전자치료 등)

모방의약품

특허 만료된 오리지널 의약품과 동일 성분 · 제형 · 효능을 가진 복제약(제네릭)

무진행생존기간 중간값 mPFS

질병 악화 없이 생존한 기간의 중앙값 Progression-Free Survival

미국식품의약품청 FDA

미국 내 의약품·식품·의료기기 등을 규제·승인하는 기관

미시간 신경병증 선별도구 MNSI

당뇨병성 신경병증 여부를 평가하는 설문·신체검사 도구

미충족 수요

현재 효과적 치료나 대안이 부족한 질환 영역에서의 환자 요구

바이스탠더 효과 Bystander Effect

일부 표적 세포만 공격받아도 주변 세포까지 2차적으로 손상되는 현상

바이오마커

질병 진행 상태나 약물 반응을 나타내는 생물학적 지표(혈액 검사 수치 등)

바이오시밀러

이미 승인된 바이오의약품(오리지널)과 유사성·동등성을 입증한 복제 생물의약품

바이오의약품

생물체 유래 물질(세포·단백질·유전자 등)로 만든 의약품

반응지속시간 mDoR

치료 반응(부분 또는 완전관해)이 유지되는 기간의 중앙값

백업 파이프라인

주력 파이프라인에 문제가 생길 경우 대비용으로 개발 중인 후보물질 집합

밸류에이션 트랩

기업가치가 저평가된 듯 보이지만 구조적 문제 등으로 투자 매력이 낮은 상황

병용요법

서로 다른 작용기전 약물들을 동시에 사용해 치료 효과를 극대화하는 방법

병용임상

2가지 이상 약물을 함께 투여하는 병용치료를 시험하는 임상시험

병용치료

동일 혹은 상이한 기전의 약제를 함께 투여해 시너지 효과를 노리는 치료법

부분관해 Partial Response

암 등 질환에서 병변이 일정 기준 이상 감소했으나 완전히 소멸되진 않은 상태

부분발작 Partial Onset Seizure

뇌의 특정 부위에서 시작되는 뇌전증 발작

블록버스터

연간 매출액이 10억달러 이상에 달하는 대형 히트 의약품

비브가르트 VYVGART

중증근무력증 치료제로 승인된 항체 기반 의약품

비소세포폐암 NSCLC

전체 폐암 중 80~85% 차지, 진행이 비교적 느린 유형의 폐암

빅바이오텍

대규모 자본 · R&D 역량을 갖춘 대형 바이오기업(주로 상장 · 다국적 바이오회사)

빅파마

글로벌 대형 제약사(다국적 제약기업)

사이닝 피 Signing Fee

기술이전·협업 계약 시 계약 체결과 함께 선지급되는 계약금

소세포폐암 SCLC

폐암 중 증식·전이 속도가 매우 빠른 유형

스티바가 Stivarga

레고라페닙regorafenib 성분의 경구용 다중키나제 억제 항암제

신약물질

새로운 분자 구조와 기전을 가진 의약품 후보물질

신약후보물질

임상시험을 통해 의약품으로 개발할 가능성이 높다고 판단된 물질

아미반타맙IV 제형

EGFR · MET 이중특이성 항체인 아미반타맙Amivantamab의 정맥주사 제형

안근병증TED

갑상선 기능 이상과 연관된 안구 돌출 · 눈 근육 손상을 유발하는 질환 (갑상선안병증)

약동학적 PK

약물의 흡수 · 분포 · 대사 · 배설과정을 연구하는 학문

약물 payload

ADC 등에서 세포 사멸 효과를 일으키는 독성 화학물질

약물항체비율 drug to antibody ratio

항체약물결합체ADC에서 항체 하나에 결합된 약물 분자의 평균 개수

약물혼용

여러 약물이 동시에 사용되어 부작용 위험이 높아지거나 오남용될 수 있는 상태

에버그리닝 Evergreening

특허만료가 다가오는 의약품의 특허를 연장하려는 전략적 행위

에테르기

화학구조에서 산소 원자가 두 알킬기를 연결하는 작용기

에피토프 epitope

항원 분자 중 항체나 T세포 수용체가 직접 인식 · 결합하는 부위

엑사테칸 Exatecan

토포이소머라제 I 억제 기전의 캄프토테신 유도체 항암제 계열

엔젠시스 VM202

당뇨병성 신경병증 치료 등에 개발 중인 플라스미드 DNA 기반 유전자 치료제

연구임상

상업적 목적 이전 단계로, 연구 목적의 임상시험(초기 안전성 · 효과 탐색)

열 안정성

고온에서도 물질(약물, 단백질 등)의 구조 · 활성이 유지되는 특성

염기서열

DNA · RNA를 구성하는 뉴클레오타이드(A, T/U, C, G)의 배열 순서

오리지널 의약품

최초로 개발 · 허가받아 특허를 보유한 의약품

완전관해 CR

암 등의 병변이 영상학적 · 임상적으로 완전히 사라진 상태

용량 의존적

약물 투여량에 따라 효과나 독성이 비례해 달라지는 특성

우두

천연두 백신으로 사용하는 백시니아 바이러스(우두 바이러스)

위·식도선암 GEC

위·식도의 점막선세포에서 기원하는 악성 종양

위약

유효 성분이 없는 가짜 약물 Placebo

유용성평가지표

임상시험에서 약물의 유효성·안전성 등을 종합 판단하는 평가지표

유전자가위

특정 DNA 서열을 절단·편집하는 유전공학 기술(CRISPR, TALEN 등)

유전자치료제

결함이 있는 유전자 교정·대체 등을 통해 치료 효과를 내는 의약품

이중맹검

임상시험에서 연구자·피험자 모두 어느 약물이 투여되는지 모르는 방법

이중융합 단백질

2가지 기능 도메인을 하나로 융합해 복합 기능을 발휘하도록 설계한 단백질 치료제

이중항체

서로 다른 두 항원을 동시에 인식·결합하는 기능을 가진 항체

임상1/2상

안전성 · 용량 탐색(1상)과 초기 유효성 평가(2상)를 결합해 진행하는 임상시험 단계

임상1a상

인간 대상 최초 투여로, 안전성 · 내약성 · 약동학 등을 평가하는 단계

임상1b상

임상1a상 후 특정 환자군에서 안전성과 초기 효과를 확장 평가하는 단계

임상2상

약물의 유효성 · 안전성을 중간 규모 환자군에서 본격 평가하는 임상시험 단계

임상2a상

소규모 환자 대상 유효성·안전성을 초기 탐색하는 임상2상 단계

임상2b상

더 큰 환자군에서 용량·유효성을 최적화하기 위해 수행하는 임상2상 확장 단계

임상3-1상

임상3상 초기 부분으로, 대규모 무작위 시험 전 환자군 설정 등 사전 평가 단계

임상3-1b상

임상3상 초기 확장 코호트나 추가 데이터 확보용으로 진행되는 하위 단계

임상3-2상

임상3상 중간 단계로, 용량 · 유효성 · 안전성을 최종 확증하기 전 추가 검증 단계

임상3-3상

대규모 비교임상으로 신약 시판 허가를 위한 최종 확증 시험

임상3상

대규모 환자 대상 약물 유효성 · 안전성을 확증하고 허가 신청 자료를 확보하는 단계

임상경험

임상시험 혹은 실제 진료에서 약물을 사용해본 경험

임상설계

임상시험 목적 · 방법 · 평가항목 · 분석계획 등을 수립하는 과정

임상시험계획 IND

임상시험을 시작하기 위해 규제기관에 제출하는 시험계획서 및 관련 서류

임상환자

임상시험에 참여해 실제 약물 투여 · 관찰 대상이 되는 환자

자가면역질환

면역계가 자기 몸 세포 · 조직을 외부로 인식해 공격하는 질환

자가세포

환자 본인의 세포(자가세포 치료 시 거부반응이 적음)

자가항체

자신의 조직에 반응하여 공격하는 항체

적응증

의약품이 치료하도록 승인받은 질환이나 증상

전신강직간대발작 Primary Generalized Tonic-Clonic Seizure

뇌 전체에서 동시에 발생해 근육이 강직 · 간대성 경련을 일으키는 전신 발작

전임상

임상시험 전 단계로, 세포 · 동물실험 등을 통해 안전성 · 효능을 사전 검증하는 단계

전체생존기간 OS

임상시험 대상자가 사망 없이 생존한 기간Overall Survival

정맥주사제형

혈관을 통해 직접 투여하는 주사 제형

제네릭

특허 만료된 오리지널 약과 동일 성분 · 제형 · 효능을 갖춘 복제약

주사연관부작용 IRR

항암제·생물학적 제제 등을 주사 투여할 때 발생하는 급성 이상반응

중등증

질병의 심각도 분류에서 중간 정도 상태

중증근무력증

자가면역 항체가 신경과 근육 사이의 신호전달을 방해함으로써 발생하는 신경근육질환

중증근무력증-일상생활활동점수 MG-ADL

중증근무력증 환자의 일상생활 기능 정도를 평가하는 지표

질병통제율 DCR

암 환자에서 부분반응+완전관해+질병안정Stable Disease을 합한 비율

차세대염기서열분석 NGS

유전체를 고속 · 대량으로 해독하는 차세대 시퀀싱 기술

추적관찰

임상시험 중 혹은 이후 환자 상태를 지속적으로 모니터링하는 과정

카보메틱스 Cabometyx

카보잔티닙cabozantinib 성분의 다중 티로신 키나제 억제 항암제

카피캣

오리지널 의약품을 모방해 만든 복제약(특허만료 후 출시)

캄프토테신 Camptothecin

토포이소머라제 I 억제기전을 지닌 천연물 유래 항암제

케톤기

유기화합물에서 탄소와 산소가 이중 결합한 작용기(>C=O)

타깃 특이성

특정 분자나 세포만 인식·공격하도록 설계된 특이적 결합 능력

특정임상계획평가 SPA

FDA가 임상시험 설계 · 분석법 등을 사전에 검토 · 동의해주는 제도

티미딘 인산화효소 TK

DNA 합성 과정에 관여하는 효소로, 항바이러스제 등의 표적으로 활용

파이프라인

한 기업 · 기관에서 개발 중인 후보물질과 임상단계를 일괄 지칭

파킨슨병

도파민 신경세포가 퇴화해 떨림 · 경직 · 운동장애 등이 나타나는 신경퇴행성 질환

패스트트랙 Fast Track

FDA가 중증질환 · 미충족수요 분야 신약의 개발과 심사를 신속화해주는 제도

표적항암제

특정 유전자나 단백질을 선택적으로 억제해 암세포를 공격하는 항암제

표준치료

현재 의료계에서 가장 일반적이고 권장되는 1차 치료 방법

플라스미드 Plasmid

세균 · 효모 등에서 발견되는 작은 원형 DNA로, 유전자 전달 등에 활용

피하주사 SC 제형

피부 바로 아래 피하 조직에 약물을 투여하는 제형

하위그룹

임상시험에서 특정 특성(유전자형, 바이오마커 등)에 따라 구분한 환자 집단

합성의약품

화학적 합성을 통해 제조되는 의약품(대개 저분자 화합물)

항체의약품

특정 항원을 인식해 결합 · 차단하는 항체 구조 기반의 의약품

혈우병

혈액응고인자가 부족해 출혈이 쉽게 발생하는 유전 질환

화학항암제

세포 독성을 이용해 암세포 증식을 억제·사멸시키는 합성 화합물 기반 항암제

효소활성도

특정 효소가 기질을 변환시키는 반응 속도나 능력

후기임상

임상3상 이후 또는 시판 허가 직전에 수행하는 대규모·추가 임상시험을 포괄

힌지 영역

항체에서 Fab와 Fc 부위를 연결하는 유연성 있는 연결 부위

ADC 항체약물결합체

항체에 독성 약물을 결합해 특정 종양세포를 정밀 타깃하는 치료제

ARIA

베타 아밀로이드 표적치료 시 MRI에서 보이는 이상 소견 Amyloid Related Imaging Abnormalities

best-in-class

동일 계열 약물 중 기존보다 우수한 효과 · 안전성을 목표로 개발되는 신약

CDMO

의약품 개발부터 생산까지 전 과정을 위탁받아 수행하는 기업Contract
Development and Manufacturing Organization

CMO

의약품 생산 공정을 위탁받아 수행하는 기업Contract Manufacturing Orga-
nization

CRO

임상시험 기획 · 관리 · 분석 등을 위탁받아 수행하는 임상대행기관Con-
tract Research Organization

DXd

다이이찌산쿄의 ADC 페이로드로 사용되는 토포이소머라제 I 억제 물질

Fc

항체 구조 중 결정화 부위로 면역세포 결합 · 면역반응 유도에 관여

first-in-class

현재까지 시판된 적 없는 새로운 작용기전의 혁신 신약

FKBP

FK506 결합 단백질로, 면역억제제 결합과 단백질 접힘 등에 관여

GMP

의약품 제조 · 품질관리 기준 Good Manufacturing Practice

HCV

C형 간염 바이러스_{Hepatitis C Virus}

HIV

인간면역결핍바이러스_{Human Immunodeficiency Virus, 에이즈 원인}

IgE

면역글로불린 E로, 알레르기 반응에 관여하는 항체

ITT Intent-To-Treat

무작위 배정된 피험자를 탈락 없이 최종 분석에 포함하는 임상분석 방식

IVIg

정맥주사용 면역글로불린 제제(면역글로불린 주사와 동일 개념)

MARIPOSA

존슨앤존슨의 비소세포폐암 대상 레이저티닙과 아미반타맙 병용 효과 평가를 위한 임상시험명

---

mRNA 기술

메신저 RNA를 이용해 체내에서 특정 단백질 발현을 유도하는 백신·치료제 기술

ORR

객관적 반응률Overall Response Rate로 종양이 부분 또는 완전 관해된 비율

P-value

통계적으로 관찰된 결과가 우연이 아닐 확률(유의수준)을 나타내는 값

PHOCUS

간암 대상 펙사벡Pexa-Vec 평가 임상시험명

RNA억제제

RNA 간섭RNAi 기전을 통해 특정 유전자 발현을 억제하는 치료제

SAE

중대한 이상반응Serious Adverse Event

α-시누클레인 α-synuclein

파킨슨병 등에서 비정상 축적으로 신경퇴행성 변화를 일으키는 단백질

Memo

Memo

Memo

Memo

Memo

성공적인 투자를 위한

필수 바이오 용어집

초판 1쇄 발행 2025년 6월 11일

지은이 이해진, 이시문
브랜드 경이로움
출판 총괄 안대현
기획편집 김하나
마케팅 김윤성
디자인 김민서

발행인 김의현
발행처 (주)사이다경제
출판등록 제2021-000224호(2021년 7월 8일)
주소 서울특별시 강남구 테헤란로33길 13-3, 7층(역삼동)
홈페이지 cidermics.com
이메일 gyeongiloumbooks@gmail.com(출간 문의)
전화 02-2088-1804   **팩스** 02-2088-5813
종이 다올페이퍼   **인쇄** 재영피앤비
ISBN 979-11-94508-30-4 (03320)